Reuter
Glaube trägt wie Adlerflügel

Hans-Georg Reuter

Glaube trägt wie Adlerflügel

Bausteine und Modelle
für die kirchliche Jugendarbeit

Patmos Verlag Düsseldorf

CIP-Kurztitelaufnahme der Deutschen Bibliothek

Reuter, Hans-Georg
Glaube trägt wie Adlerflügel: Bausteine u. Modelle für d. kirchl. Jugendarbeit / Hans-Georg Reuter. – 1. Aufl. – Düsseldorf: Patmos Verlag, 1986.
ISBN 3-491-72176-8

1. Auflage 1986
Gesamtherstellung: Boss-Druck, Kleve
Umschlaggestaltung: Peter J. Kahrl, Neustadt/Wied
ISBN 3-491-72176-8

Inhalt

Einleitung

Wer mit Jugendlichen in ihrer Freizeit zusammen ist, weiß, daß es kaum möglich ist, mit ihnen ein systematisches Glaubensgespräch zu führen. Aber Gruppenleiter wie Seelsorger machen auch die Erfahrung, daß es hin und wieder Situationen gibt, in denen Lebensfragen aufbrechen, wo Erfahrungen ausgetauscht werden, die Frage nach dem, was letztlich trägt im Leben, anklingt. Das sind katechetisch fruchtbare Momente, in denen das Glaubenszeugnis eines Gruppenmitglieds oder eines verantwortlichen Mitarbeiters mit-geteilt werden kann und andere ermutigt, sich mitzuteilen. Manchmal drängt es die Gruppe dann, die Fragestellung in einer Gruppenstunde oder bei einem Wochenende zu vertiefen.
Eine andere Gelegenheit, bei der sich der verantwortliche Mitarbeiter in der Jugendarbeit Anregungen wünscht, wie Leben und Glauben miteinander „vernetzt" werden können, ist die Vorbereitung von jugendgemäßen Gottesdiensten. Ob man dabei von einem biblischen Text ausgeht, der Jugendliche in ihrer Lebenssituation ansprechen soll (da er Zuspruch und Anspruch Gottes ist), oder ob man von einer Alltagssituation ausgeht und sie von der Schrift her deuten möchte, in jedem Fall ist es ein katechetisches Geschehen.
Die vorliegende Materialsammlung bietet eine Fülle von Ideen, Bausteinen, methodischen Anregungen, mit Jugendlichen über Glaubens- und Lebensfragen ins Gespräch zu kommen. Es sind keine vorprogrammierten Unterrichtsstunden (für die es in der Jugendarbeit auch kaum Verwendung gäbe), sondern es handelt sich hier um eine „Fundgrube", aus der der Verantwortliche geeignete Bausteine auswählen kann, um am Haus des Glaubens weiterzubauen.
Damit er dazu eher fähig ist, wäre es gut, wenn bei Schulungen und bei den Treffen der Gruppenleiter mit den Hauptamtlichen hin und wieder Glaubensfragen „ins Spiel" kämen. Wenn es stimmt, was die Meinungsforscher sagen, daß glaubende Menschen sich häufiger für glücklich halten, und wenn es das Ziel kirchlicher Jugendarbeit ist, jungen Menschen zu helfen, daß ihr Leben gelingt, indem sie auf den Zuspruch und Anspruch Gottes eingehen, dann muß der Evangelisierung in der Jugendarbeit, auch in der Form der Katechese, neue Aufmerksamkeit geschenkt werden.

Dabei ist es von entscheidender Wichtigkeit, daß der Glaube nicht in erster Linie durch richtige Wörter vermittelt wird, sondern daß man sich selbst mitteilt; bei dieser lebendigen Kommunikation sind alle Beteiligten gleichberechtigte Partner. Daß zum Glaubenswissen die Fähigkeit zur lebendigen Kommunikation hinzukommt, das vor allem bedarf heute der Einübung. Aber gerade die kirchliche Jugendarbeit in all ihren Facetten und Spielarten pflegt ja den kreativen Austausch unter Jugendlichen über all das, was sie bewegt.
Das Leben, der Alltag, die Fragen der Jugendlichen müssen in der Jugendarbeit genauso ernst genommen werden wie das Evangelium, das reich an möglichen Antworten ist. Glaubwürdige Menschen unserer Zeit wie aus der Vergangenheit bieten ihre Erfahrungen an, daß der Glaube an den menschenfreundlichen Gott trägt. Ein Rat, den Adolf Exeler jungen Menschen gibt, steht hinter dem ganzen Projekt: „Wage den Aufbruch, den dein Leben braucht, wage ihn in Gemeinschaft mit Gleichgesinnten und im Vertrauen auf die Verheißungen Gottes."

Hans-Georg Reuter

1. Themenreihe

Auf der Suche nach dem Ich

Ein Zettel an meiner Tür
bin auf der Suche
nach mir selbst
und daher
vorübergehend nicht anzutreffen
was bis dahin aussieht
wie ich
ist nur die Verpackung

Hans Curt Flemming

Bildmeditation: Äneas

Ein Motiv aus der griechischen Geschichte: Als Troja brennt, flieht Äneas mit seinem Vater Anchises und seinem Sohn Askanios. Dem Künstler geht es nicht darum, den Vorgang von damals zu illustrieren, sondern er sagt etwas über den Menschen in Kindheit, Mannes- und Greisenalter - und über die Beziehungen der Generationen zueinander.

Das Kind hat den Blick nach vorn gerichtet; neugierig, erwartungsvoll schaut es in die Zukunft - geborgen beim Vater, an dessen Bein es sich festhält.

- Wie habe ich in meiner Kindheit die Erfahrung von Geborgenheit gemacht?
- Woran denke ich da?
- Welche Menschen fallen mir ein?
- Zu wem lief ich, wenn ich Angst hatte?
- An welche Zukunftsträume erinnere ich mich?
- Welche Schritte zeigten mir, daß ich mehr und mehr selbständig wurde?

Anchises schaut zurück, auf das, was hinter ihm liegt: seine Lebensgeschichte, seine Heimat, sein Werk - alles fällt in Trümmer. Als schwere Last ruht er auf dem Rücken des Sohnes.

- Tradition kann belasten - aber sie ist auch liebgewordener Besitz, auf den man nicht verzichten will: habe ich diese doppeldeutige Erfahrung schon gemacht?
- Welche Traditionen sind mir bewußt, sind mir lieb und hilfreich?
- Welche Traditionen möchte ich wegwerfen, mit welchen habe ich bewußt gebrochen?
- Wie ist mein Verhältnis zu Eltern und Großeltern, zu alten Menschen, die ich kenne: was stört mich, was schätze ich an ihnen?
- Habe ich Interesse an ihrer Lebensgeschichte, an der „Geschichte" meiner Bekannten?
- Was weiß ich von den Wünschen, Sehnsüchten, Belastungen, Träumen meines Freundes, meiner Freundin, meiner Gruppenmitglieder?

Äneas - ein Mensch, der mitten im Leben steht: er tut, was im Augenblick not-wendig ist. Alles, was er ist und hat, verdankt er der Vergangenheit, die hinter ihm liegt, die ihn auch belastet. Hoffen kann er auf die Zukunft, aber nur durch sein umsichtiges Verhalten in der Gegenwart gibt es für die Menschen, die er liebt, eine Zukunft. Der Vater wie der Sohn behindern

ihn beim Laufen, das Kind ist nicht nur Garant der Zukunft, sondern zunächst ein Klotz am Bein.
Äneas mit Vater und Sohn – ein Bild, das mir viel über die Beziehung der Menschen in der Familie sagt: ohne den Vater gäbe es Äneas nicht, ohne Äneas nicht das Kind.
Vater und Sohn – beide sind angewiesen auf Äneas, beide belasten ihn. Beide machen das Glück seines Lebens aus: Warum sonst würde er sein Leben aufs Spiel setzen, indem er sie mitnimmt auf seiner Flucht?
Die mit mir leben und die nach mir kommen, sind angewiesen auf mich: was mir überkommen ist (Lebenswissen, Lebenswerte, Risiken und Chancen), soll ich weitergeben, wenn möglich bessern, jedenfalls nicht vergeuden, damit es eine Zukunft geben kann. Aber ich muß auch loslassen können, mich von unnützem Ballast trennen: Troja verbrennt, nackt retten die Drei nur das Leben.
Das Loslösen von der Familie, aus der ich komme, wo ich Geborgenheit erlebt, Vertrauen und Lebensmut gelernt habe, tut weh – mir und meinen Eltern. Die Zeit, wo ich Halt fand bei meinen Eltern, in meiner Familie, geht zu Ende:
Der Mensch muß auf manches Liebgewordene verzichten, er muß heimatliche Ufer zurücklassen, wenn er neues Land entdecken will. Das ist schmerzlich.
Aber wie Askanios, der Sohn, keck in die Zukunft blickt, weil er zu Hause Vertrauen gelernt hat, bricht der junge Mensch auf zu neuen Ufern, sucht das Glück mit seinen eigenen Füßen. Ob er es findet?

Äneas flieht aus dem brennenden Troja,
Tuschezeichnung von Ernst Alt

1. Ich lebe in einer Familie

In der Familie lerne ich,
daß alles Menschsein
Geben und Empfangen ist,
Dienen und Bedientwerden,
Lieben und Geliebtwerden.
Aber manchmal
ist das alles nicht da –

Vorüberlegungen
Wenn man nach seinem Namen gefragt wird, nennt man nicht nur den (persönlichen) Vornamen, sondern auch den Familiennamen: ich lebe nicht allein, sondern in einer Familie; das besagt mein Name, die Verflochtenheit mit vielen. Mein „Ich" hat tiefe Wurzeln, zwei Ströme der Menschheit kamen zusammen, als ich wurde.
Solches Nachdenken über die Familie, aus der ich herkomme, hilft auch zur Selbsterkenntnis: jeder Mensch trägt seine Eltern und Großeltern ein Leben lang mit sich. Jeder wird direkt oder indirekt von ihnen geprägt, von ihren Erfahrungen, von ihrer Erziehung.
Ein bißchen Familienforschung ist nicht nur ein interessantes Hobby, sondern weckt Verständnis für die Eltern, die Vorfahren – wenn man erfährt, unter welchen Umständen sie gelebt haben, was sie geprägt hat. Eine Gesprächsrunde mit Großeltern über ihre Jugend könnte da sehr aufschlußreich sein.
Auch für das bessere Verständnis des Freundes/der Freundin ist die Kenntnis seiner/ihrer Lebensgeschichte nicht unwichtig. Wer fragt: Warum bist du so?, hat einen wichtigen Schritt auf dem Weg zur Partnerschaft gemacht – hin zur Wirklichkeit, weg vom Phantasiebild. Zuhören, Nachdenken, Einfühlungsvermögen sind da ganz wichtige Voraussetzungen.

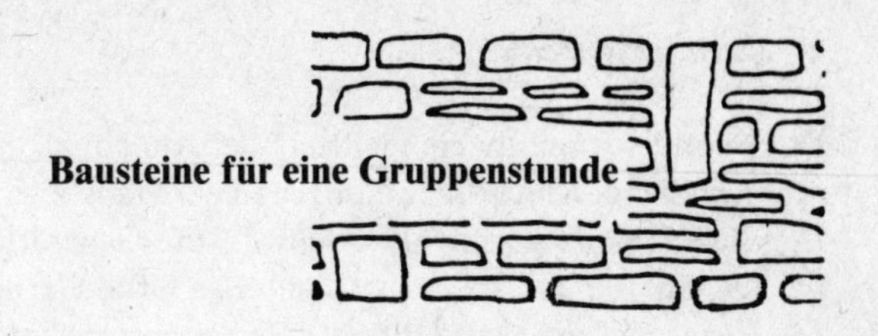

Bausteine für eine Gruppenstunde

1. Besinnlicher Text zum Einstieg

Wurzeln

Du hast eine Mutter.
Deine Mutter hat eine Mutter.
Diese hat auch eine Mutter, und da sind unzählige Mütter davor.
Das sind lange Wurzeln.

Du weinst.
Du hast einen weinen sehen.
Der hat geweint, weil ein anderer traurig war,
und dieser ist traurig geworden,
weil ein Schatten auf einen blühenden Menschen gefallen ist.
Deine Tränen kommen aus entlegenen Brunnen.

Du lächelst.
Du hast einen lächeln sehen.
Der hat einen lächeln sehen, als ein Kalb seine ersten Schritte machte.
Dein Lächeln kommt von weit her.

Du hast Wurzeln.
Lange, tiefe Wurzeln überall hin.
Du bist unmerklich, geheimnisvoll, mit dem Fernsten verbunden.
Deshalb sage nicht immer Ich.
Denn du wirst von vielem genährt und bewegt,
wovon du nichts ahnst.

Klaus Vogt

Man kann den Text illustrieren: Bilder malen, Collagen gestalten.
Oder im Gespräch mit Eltern/Großeltern Begebenheiten aus dem Leben von drei Generationen suchen, die Traurigkeit, Angst und Freude am Leben widerspiegeln.

2. *Familienforschung*

Das Familienstammbuch, vielleicht der Ahnenpaß aus den dreißiger Jahren, familiengeschichtliche Notizen in der Hausbibel, ein Besuch auf dem Friedhof – es ist gar nicht so schwer, die Generationen von Vorfahren der letzten 100 Jahre festzustellen: vier Großeltern, acht Urgroßeltern, 16 Ururgroßeltern. Mit Hilfe der Personenstandsregister im Standesamt oder der Kirchenbücher lassen sich weitere Nachforschungen etwa bis zur Mitte des 18. Jahrhunderts relativ leicht anstellen. Vor Überraschungen ist man da nicht sicher: das Blut von Adligen wie von Straffälligen, von Hexen wie von Henkern, von geschäftstüchtigen wie von wohltätigen Menschen hat sich vielfach gemischt, Kriege und Kriegsfolgen haben die Vorfahren aus einer Gegend in die andere geführt, „Ausländer" leben nicht nur neben uns, auch in uns weiter ...

Man kann zunächst seine Familie (anhand von Fotos) vorstellen und erzählen, was man über die Geschichte der Familie weiß.
Man kann sich gegenseitig helfen, einen Familienstammbaum, eine Ahnentafel zu erstellen. Dabei wird die Lokalgeschichte wie die Geschichte überhaupt neu interessant.

3. *Rollen und Normen*

Wenn man in der Gruppe über das Thema „Rollen und Normen" sprechen will, kann das z. B. mit den folgenden Testfragen geschehen. Sie thematisieren die Rollen von Junge und Mädchen, von Mann und Frau.
Jeder beantwortet den Bogen zunächst für sich. Die Antworten werden anonym festgehalten, indem einer eine Strichliste führt, während ein anderer nacheinander alle Antwortnummern vorliest (z. B. 1c, 2a ...)
Im zweiten Durchgang bildet man Dreiergruppen (z. B. nach Geschlechtern getrennt). Jede Kleingruppe muß sich auf eine Antwort einigen. Im ersten Durchgang ging es um eine eher spontane Äußerung, jetzt müssen Begründungen für die eigene Ansicht gefunden werden; das führt möglicherweise zu Korrekturen.

Auch kann man eine Konfliktsituation, die die Gruppe bei der Bearbeitung des Testbogens besonders beschäftigt hat, als Rollenspiel gestalten und an ihrer Lösung arbeiten.

Fragebogen

Bitte versetze dich bei den einzelnen Fragen jeweils in die handelnde oder gefragte Person und ihre Lage und gib dann die Antwort, die dir am ehesten zusagt.

Situation	*Antworten*
1. Ihr seid bei einer befreundeten Familie zu Besuch. Deine Schwester, acht Jahre, will mit den Jungen der anderen Familie Fußball spielen ... Wie reagiert der Vater?	a) Ihr klarmachen, daß die Kleidung dabei Schaden nehmen würde, b) es ihr verbieten, c) sie spielen lassen.
2. Dein Bruder, sechs Jahre, wünscht sich zu Weihnachten von den Großeltern eine Puppe. Wie werden sie reagieren?	a) Ihm einen Legobaukasten schenken, b) ihm seinen Wunsch erfüllen, c) mit den Eltern sprechen, sie dürften ihr Kind nicht so sehr verweichlichen.
3. Du bist Realschüler, 16 Jahre, die Mutter bittet dich, am Samstag im Haushalt mitzuhelfen, da Besuch kommt und sie die ganze Woche viel zu tun hatte. Wie würdest du reagieren?	a) Ich habe meine Freizeit auch nötig, um auszuspannen, b) Haushalt ist Frauensache, c) hoffentlich kommt keiner meiner Freunde und sieht mich mit der Schürze.
4. Dein Pfarrer fragt dich als ehemalige Gruppenverantwortliche, ob du dich für den Kirchenvorstand oder Pfarrgemeinderat zur Wahl stellen würdest?	a) Ob ich wohl so viel Zeit finde, mich ganz für die Sache einzusetzen, b) Kirchenvorstand ist Männersache, c) ob mich die Männer im Kirchenvorstand wohl ernst nehmen werden?
5. Deine Freundin möchte nach Eurer Hochzeit in ihrem Beruf weiterarbeiten. Bist du dafür oder dagegen?	a) Wozu heirate ich denn, wenn ich abends auch noch im Haushalt helfen muß, b) das Geld, das sie verdient, können wir noch gut gebrauchen, c) ob sie wohl ohne ihre Beruf noch so ausgefüllt und zufrieden ist?
6. Ihr erwartet Besuch. Deine Frau trifft die letzten Vorbereitungen. Du bringst die Kinder zu Bett. Die Kinder erwarten ein Abendgebet.	a) Lassen wir das heute, es ist schon so spät, b) du rufst deine Frau, damit sie, wie gewohnt, mit den Kindern betet, c) du suchst im Gesangbuch (Gebetbuch) ein Gebet.

4. *Ein Spiel: Familie unter einem Dach*

Ziel: Mit anderen, die in ähnlicher Situation sind, ins Gespräch kommen und dabei – unterstützt von Spielregeln – über Konflikte in der Familie sprechen (oder über andere Bereiche, ggf. die Situation ändern).
Spielregeln: Auf einem großen Plakatkarton wird ein Haus mit 5 Fenstern und einer Tür gezeichnet, die jeweils mit den Zahlen 1–6 durchnumeriert werden. Die Fenster haben jeweils 6 Glasscheiben, die ebenfalls von 1–6 numeriert werden. In jede Glasscheibe wird eine bestimmte Situation eingetragen, die sich auf die Situation in der Familie bezieht. Der Spieler würfelt zweimal: mit dem ersten Wurf wird das Fenster bestimmt, zu dem er etwas sagen soll, der zweite Wurf bestimmt das genaue Fach, zu dessen Stichwort der Spieler ein Erlebnis aus seinem Alltag erzählen soll. Auch

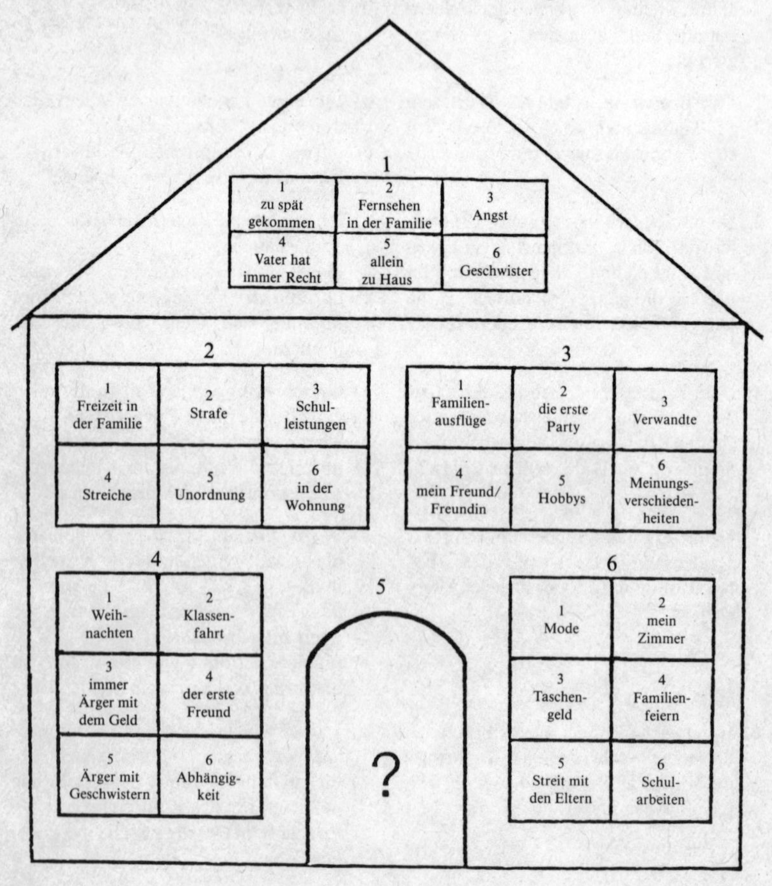

hier kann das Spiel variiert werden, indem zu einem späteren Zeitpunkt alle Spieler zu dem gewürfelten Stichwort Stellung beziehen.
Anmerkung: Der Spieler, der eine „Fünf" würfelt, kann zu einem selbstgewählten Stichwort erzählen, oder aber – bei vertrauten Gruppen – einen anderen Mitspieler zu einem Thema befragen.

5. *Impulstexte*

Es wird behauptet, daß in unserer Zeit alle zehn Jahre ein neues Jahrhundert beginnt. Ich wäre geneigt, dem zuzustimmen. Es ist dies eine unbequeme Situation; denn es ist natürlich nicht so leicht, heutzutage mit Zeitgenossen aus zwei oder drei Jahrhunderten zu leben.

Kardinal León-Joseph Suenens

generationsproblem

viele söhne können
schon von natur aus
nicht in die fußstapfen
ihrer väter
treten
sie haben
bereits als jugendliche
zu große füße

Bernhard Laux

Ehe und Familie
ist wie eine belagerte Festung:
die, die drin sind, wollen unbedingt
hinaus, und die, die draußen sind,
wollen mit Gewalt hinein.

Bernhard Shaw

mein Vater

weil er immer nur
mein bestes im auge hat
sieht er nicht
meine probleme

Gerhard C. Krischker

Zu Mark Twain kam einmal ein 17jähriger und erklärte: „Ich verstehe mich mit meinem Vater nicht mehr. Jeden Tag Streit. Er ist so rückständig, hat keinen Sinn für moderne Ideen. Was soll ich machen? Ich laufe aus dem Haus."
Mark Twain antwortete: „Junger Freund, ich kann Sie gut verstehen. Als ich 17 Jahre alt war, war mein Vater genau so ungebildet.
Es war kein Aushalten. Aber haben Sie Geduld mit so alten Leuten. Sie entwickeln sich langsamer. Nach 10 Jahren, als ich 27 war, da hatte er so viel dazu gelernt, daß man sich schon ganz vernünftig mit ihm unterhalten konnte. Und was soll ich Ihnen sagen? Heute, wo ich 37 bin – ob Sie es glauben oder nicht – wenn ich keinen Rat weiß, dann frage ich meinen alten Vater. So können die sich ändern!"

2. Schwankend zwischen Freiheit und Bindung

Kinder und Uhren darf man nicht nur aufziehen,
man muß sie auch laufen lassen.

Jean Paul

Vorüberlegungen

Selbständig werden, auf eigenen Füßen stehen, Emanzipation, eigenverantwortlich ... Zum Jugendalter gehört der Prozeß der Ablösung von der Herkunftsfamilie: die Bindung an Eltern (auch Geschwister) muß gelockert werden, damit neue Bindungen möglich werden.
Zwiespältige Gefühle bei Jugendlichen und bei ihren Eltern: Undank, Erinnerung an schöne gemeinsame Erlebnisse, Sorge umeinander, Trotz, Wunsch nach Selbständigkeit und zugleich Angst davor ...
Loslassen kann ich, was ich nicht (mehr) mag, sei es ein Pulli, einen Freund, die Familie: um mich loszulösen, muß ich das Negative stark betonen (das Bevormunden, die Langeweile, das fromme Getue ...)
Und doch ist die Erinnerung an das Positive in der Kindheit, in der eigenen Familie die Voraussetzung dafür, daß ich mich einem Mitmenschen anvertraue, die Voraussetzung für Freundschaft, Ehe, Familie.

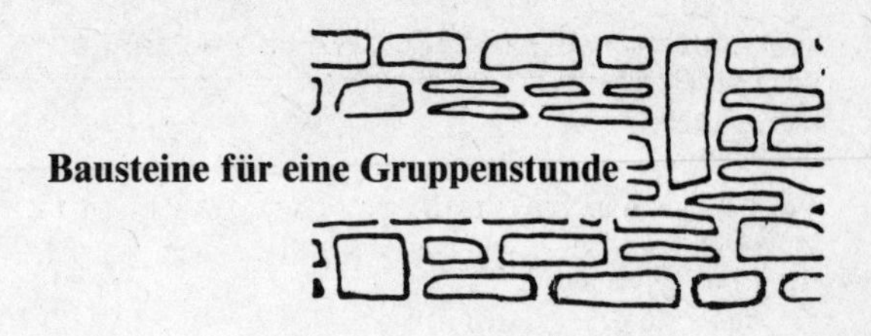

Bausteine für eine Gruppenstunde

1. Textvergleich

„Das erste, das ich tat, als ich aus der Wiege kam, war, daß ich nach der Tür krabbelte. Und alles, was ich seitdem getan habe, war ein Versuch, zu entfliehen. Und nun schließlich bin ich von euch allen frei, auch wenn ihr mich noch so ein paar Jahre festhalten könnt. Und sofern ich nicht frei bin, so bin ich doch wenigstens in meinen eigenen Kerker eingesperrt. Aber ich werde es schaffen, daß Schönheit und Ordnung in mein wirres Leben kommt. Ich werde einen Weg ins Draußen finden, selbst wenn es mich zwanzig Jahre kostet - und zwar allein."

Thomas Wolfe

Ich möchte Mutter fragen, ob sie weiß, wie mir ihre Traurigkeit weh tut. Ob sie weiß, wie sehr ich ihre Einsamkeit spüre.
Ich möchte Mutter fragen, ob sie weiß, wie tief ich sie liebe. Und ob sie weiß, wie leid es mir tut, daß ich oft harte Worte brauche.
Ich möchte Mutter danken, daß sie mir ein Leben geschenkt hat und daß sie mich mit so viel Kraft und Liebe aufgezogen hat.
Ich möchte ihr danken für alles, was sie mir gegeben hat, und ich möchte sie bitten, mir all das Unrecht, das ich ihr angetan habe, zu verzeihen.
Ich möchte ihr das alles sagen, jetzt, weil ich nicht beten kann. Ich möchte ihre Hände halten, die für mich so viel getan haben und immer noch tun. Ich möchte ihr sagen, daß ich immer noch ihr Kind bin, trotz allem: ihr Kind, das sie liebt. Warum sage ich ihr das alles nicht? Warum nicht? Es könnte einmal zu spät sein, wenn ich ihr sagen möchte, wie sehr ich sie liebe.

Barbara (17)

Ein Vater betet

Vater nennen wir dich, unnennbarer Gott.
Vater bist du, hat uns dein Sohn gesagt.
Ein Vater,
der sich sorgt,
ein Vater, der liebt,
ein Vater,
der seine Kinder sucht,
wo immer sie sich verloren haben.

Auch ich bin Vater,
ein Vater,
der sich sorgt,
ein Vater,
der liebt,
ein Vater,
der seine Kinder sucht,
wo immer sie sich verloren haben.
Du verstehst mich also,
wenn ich in meinen Sorgen um meine Kinder
zu dir komme.

Meine Kinder gehen Wege,
die große Gefahren mit sich bringen.
Sie sind Einflüssen ausgesetzt,
die sie in Abgründe stürzen können.

Meine Kinder haben Auffassungen,
die ich nicht mehr verstehe.
Ihr Lebensstil bringt mich oft
zur Verzweiflung.
Sie sind so ganz anders,
als ich es mir gewünscht hätte.
Von dem Meinen wollte ich ihnen etwas geben;
aber sie lehnen mich als nicht zeitgemäß ab.

Vater, ich kann ihnen nicht
auf allen Wegen nachgehen.
Ich muß sie ihr Leben führen lassen.
Aber ich bin voller Sorge.
Darum komme ich zu dir, dem Vater der Väter,
deiner Sorge und Liebe vertraue ich sie an.

Alfons Höfer

Impulsfragen für die persönliche Auseinandersetzung und für das Gruppengespräch:
Welche Gefühle sprechen aus jedem einzelnen Text?
Welche Gefühle löst jeder einzelne Text bei Euch aus?
Denkt Euch Situationen, in denen die Texte entstanden sein könnten.
Mit wem möchtet Ihr Euch unterhalten, mit Barbara, Thomas, dem Vater?

2. Symbolfoto

Welche Gedanken zum Thema Freiheit und Bindung fallen Euch ein, wenn Ihr diese Bilder auf Euch wirken laßt?

3. Frage- und Antwortbriefe

In Zeitschriften aller Art wenden sich Jugendliche und Erwachsene an „Berater" zum Thema Generationskonflikt. Sucht solche Leserfragen und versucht, hilfreich zu reagieren.

Was soll man tun, wenn man eine neugierige Mutter hat? Alles möchte sie bis in jede Einzelheit hinein wissen: Was heute in der Schule durchgenommen wurde, warum ich nicht kommunizieren war, was ich mit meiner Freundin besprochen habe, warum ich nicht spazierengehe usw. Weil ich über persönliche Dinge nicht sprechen kann und sprechen mag, vor allem weil sie nichts für sich behalten kann, gerate ich häufig in eine peinliche Lage. Durch diese ewige Fragerei zwingt sie mich doch nur, daß ich aus Not lüge. *Helga, 16 Jahre*

Seit der Schulentlassung sitze ich zu Hause rum. Keine Lehrstelle gefunden. Dabei habe ich keinen Traumjob gesucht. Ich hätte alles angenommen, was mit Garten und Pflanzen zu tun hat. Alle Betriebe im Umkreis von 20 km habe ich abgeklappert: nichts zu machen. Auch das Arbeitsamt konnte mir keinen Ausbildungsplatz vermitteln. Meine Eltern und meine ältere Schwester (arbeitet bei einer Bank) nerven mich mit ihrem Gerede von wegen „ich soll den Mut nicht sinken lassen" und „ich soll die Zeit sinnvoll nutzen". Sie meinen es ja gut, aber es hilft nicht. Manchmal frage ich mich, wann sie die Geduld mit mir verlieren und mir kein Taschengeld mehr geben. *Michael, 17 Jahre*

Ich muß mit einem Problem zu Ihnen kommen, das ich schon lange mit mir herumtrage. Niemand kann mir helfen. Versuchen Sie es bitte, und wenn es auch nur ein paar tröstende Worte sind.
Ich bin 17 Jahre alt und habe eine Freundin gleichen Alters. Sie wurde von ihren Eltern streng katholisch erzogen. Sie wird materiell verwöhnt und ist stark von ihnen abhängig, da sie nie Gelegenheit hatte, sich ihren Eltern zu widersetzen und sich von ihnen abzulösen, was jeder Pubertierende tut.
Das große Problem ist nun, daß diese Eltern eine Moral aus dem tiefen Mittelalter haben, was gezwungenerweise zu Konflikten wegen unserer Freundschaft führt. Anfangs konnte sie mir ihre Gefühle noch mitteilen, bis sie eines Tages von ihren Eltern verprügelt wurde, weil ich bis um 22 Uhr bei ihr gewesen war. Sie wurde als Prostituierte bezeichnet und wegen sexueller Handlung mit einem Internatsaufenthalt bedroht. (Die sexuelle Handlung bestand aus einem Kuß!)
Können Sie sich vorstellen, wie das arme Mädchen verängstigt ist, wenn sie schon wegen der leisesten Liebesbezeugung als Hure abgestempelt wird? Jetzt ist meine Freundin bereits so weit, daß sie nicht einmal mehr den Mut aufbringt, zuhause zu fragen, ob sie mich an ein Konzert begleiten könne. Muß ich nun tatenlos zusehen, wie ein so wertvoller Mensch langsam, aber sicher zum seelischen Krüppel wird?
Mit den Eltern zu reden, ist zwecklos. Sie meiden jede Diskussion mit mir, weil ich zu „offen", sei. Kann man denn überhaupt zu offen sein?
Ich habe mit viel Geduld versucht, eine Lösung abzuwarten. Aber ich kann diesen Zustand einfach nicht mehr aushalten. Ich spüre auch, daß meine Gefühle für meine Freundin zu einem großen Teil nur noch aus Mitleid bestehen. Und das ist doch keine Liebe mehr! Trotzdem möchte ich sie nicht loslassen: Denn wenn sie sich nicht bald vom Druck ihrer Eltern befreit, wird sie es nie mehr tun können und eine alte, gefühllose Jungfer

werden. Und das möchten wir beide nicht. Wir wissen weder aus noch ein. Auch Gott will uns nicht helfen. Bitte, versuchen Sie es, bevor es zu spät ist. *David, 17 Jahre*

Schreibt an Helga, Michael oder David einen Brief, allein oder zu zweit. Haltet ähnliche oder andere Erfahrungen dagegen.
Wichtig ist die Auswertung des Spiels in der Großrunde. Die Fragestellung und die Antwortbriefe werden vorgestellt. Weitere Fragen oder Ergänzungsmöglichkeiten zu den Antworten können eingebracht werden.

4. Ein Anspiel

Eine Geschichte, die Probleme aufdecken hilft, die Eltern angesicht der Sexualität ihrer Kinder haben: Nicht zufällig fällt die Geschlechtsreife in die Ablösungsphase. Man kann die Geschichte vorlesen oder ein Anspiel daraus gestalten.

Herr und Frau Pohl arbeiten beide in der Buchhaltung der Firma Wittling & Co. Sie haben dort beide ihren Beruf gelernt und sich in der Firma hochgearbeitet. Wegen eines Ausfalls ihrer Buchhaltungsmaschine bekommen sie montags zwei Stunden eher frei, die sie an einem anderen Tag nacharbeiten müssen. Nach Dienstschluß gießt Frau Pohl noch die Blumen im Büro. Dann wäscht sie sich noch einmal die Hände. Sie beeilt sich, denn ihr Mann wartet schon im Fabrikhof auf sie. Familie Pohl wohnt in dem nahen siebenstöckigen betriebseigenen Mietshaus. Sie gehen zu Fuß nach Hause. Unterwegs unterhalten sie sich über ihren 14jährigen Sohn Klaus. Sie stellen fest, daß er in der letzten Zeit in der Schule nachgelassen hat. „Überhaupt ist er ganz anders geworden", sagt Frau Pohl. Darauf Herr Pohl: „Naja, er ist jetzt eben in der Pubertät."
Beim Aufschließen ihrer Vierzimmerwohnung hören sie leise Musik. Im Korridor entdecken sie an der Garderobe eine Jeansjacke, die nicht ihrem Sohn gehört. Sie könnte zu einem Jungen oder Mädchen passen. Frau Pohl stürmt in das Zimmer ihres Sohnes, stößt einen Schrei aus und kommt sofort zurück in den Korridor. Bleich und verstört ruft sie: „Schweinerei!"
Herr Pohl nimmt sie in die Arme und fragt beunruhigt: „Was ist denn los?"

Hinweis: Diese open-end-Geschichte, an die der Gruppenleiter nur die Frage anzuschließen braucht: „Was hat Frau Pohl im Zimmer ihres Sohnes gesehen?", kann durch die Fülle der denkbaren Antworten einen Einblick geben in das Problembewußtsein der Gruppenmitglieder, ihre Erfahrungen, Phantasien, sprachlichen Ausdrucksmöglichkeiten. Wenn er die Antworten gar noch hinterfragt: „Wieso bezeichnet Frau Pohl das als Schweinerei?" oder „Empfindet Ihr das auch als Schweinerei?" wird deutlich, daß die Einstellungen von Erwachsenen und Jugendlichen und die Einstellungen der einzelnen Gruppenmitglieder zu den genannten sexuellen Betätigungen unterschiedlich sind.

Ein Kontrasttext zu der vorangehenden Geschichte wäre:

An meinen Sohn

Mein Sohn, du bist vierzehn und zum erstenmal in deinem Leben verliebt. Du hast es mir nicht gesagt, denn über seine erste Liebe spricht man nicht. Sie ist so zart, so eingesponnen in Träume, Sehnsüchte und Wünsche, daß ein falsches Wort alles zerstören könnte. Darum begleiten dich nur meine Gedanken bei deinem ersten tastenden Versuch, das große tiefe Wunder der Liebe zu entdecken. Du hast ein Mädchen gefunden, das dir gefällt. In das du verliebt bist. Vielleicht kommt dir sogar der Gedanke, daß du liebst. Du hast recht. Du liebst wirklich - aber so, wie man mit vierzehn Jahren lieben kann. Später wirst du erkennen, daß diese Zeit nur die erste Sprosse auf der langen Leiter der Liebe ist. Mit 21 wird das, was du dann Liebe nennst, anders aussehen als heute und mit 40 wieder anders. Aber für dich, für dein Reifen ist es wichtig, was du jetzt erlebst. Und: wie du es erlebst! Zärtlichkeit gehört zur ersten Liebe, sehr viel Zärtlichkeit. Du hast sie von deinen Eltern erfahren, seit du auf der Welt bist. Und deine Mutter möchte dir in dieser Stunde einmal danken für all die „Schmusestunden", die ihr gezeigt haben, daß du eines tiefen und guten Gefühls fähig bist.

Hildegard Kremer

Sprecht über den Brief dieser Mutter an ihren Sohn! Was spricht Euch besonders an? Vergleicht die Einstellung dieser Mutter mit der von Frau Pohl auf Seite 23.

5. *Schriftgespräch Markus 3*

Jesus und seine Angehörigen: Mk 3,20–21. Jesus ging in ein Haus, und wieder kamen so viele Menschen zusammen, daß er und die Jünger nicht einmal mehr essen konnten. Als seine Angehörigen davon hörten, machten sie sich auf den Weg, um ihn mit Gewalt zurückzuholen; denn sie sagten: Er ist von Sinnen.

Von den wahren Verwandten Jesu: Mk 3,31–35. Da kamen seine Mutter und seine Brüder; sie blieben vor dem Haus stehen und ließen ihn herausrufen. Es saßen viele Leute um ihn herum, und man sagte zu ihm: Deine Mutter und deine Brüder stehen draußen und fragen nach dir. Er erwiderte: Wer ist meine Mutter, und wer sind meine Brüder? Und er blickte auf die Menschen, die im Kreis um ihn herumsaßen, und sagte: Das hier sind meine Mutter und meine Brüder. Wer den Willen Gottes erfüllt, der ist für mich Bruder und Schwester und Mutter.

Gesprächsimpulse

Lest den Abschnitt aus der Bibel, der wenig bekannt ist. Welche Gedanken kommen Euch?
Was gefällt Euch, was stört Euch an dieser Begebenheit aus dem Leben Jesu? Seht Ihr Unterschiede und/oder Ähnlichkeiten mit Eurer Situation?
Warum kann man aus diesem Schriftwort keine Aufforderung zum Bruch bzw. keine Bestätigung für den Bruch mit seiner Familie machen?

Hilfen zum Verständnis des Bibeltextes:
Den übrigen Evangelisten war zu anstößig, was Markus hier überliefert. Gemeint ist, daß „der Familienclan" das aus seinen Bindungen ausgebrochene Mitglied wieder in seine Obhut zurückbringen möchte. Sie sehen ihn ins Unglück rennen. Sie machen sich Sorgen um ihn und um seine Mutter. Zur Zeit der Bibel, als es noch keine andere Altersversorgung gab, war es die Pflicht der Kinder, für den Lebensunterhalt ihrer altgewordenen Eltern zu sorgen (vgl. das 4. Gebot!). Wenn Jesus nicht für seine Mutter sorgt, fällt sie der Großfamilie zur Last.
Jesus kennt seine Sendung; er ist gekommen, den Anbruch des Reiches Gottes zu verkünden. Die ihn verstehen, die sich am Willen Gottes orientieren, sie sind die neue Familie Gottes. Die anderen stehen „außen", selbst wenn es seine leiblichen Verwandten sind. Weil sie (noch) Außenseiter sind, verstehen sie ihn nicht. Hätte er sich nicht aus ihrer Mitte gelöst, könnte er seinem Auftrag, das Reich Gottes mit seiner neuen Brüderlichkeit zu verkünden, nicht nachkommen.

In ihrem Buch „Jesus der Mann" sagt Hanna Wolff aus tiefenpsychologischer Sicht zur Notwendigkeit der Ablösung von der Herkunftsfamilie: „Die Wurzel aller seelischen Erkrankungen ist irgendwie verweigertes Erwachsenwerdenwollen oder Verantwortungsscheu, ist grober oder sublimer (d.h. hier versteckter) Infantilismus . . . Infantilität läßt sich lieber weiter von Vater und Mutter oder ihren Ersatzpersonen gängeln. Infantilität erwartet immer alles vom Leben, wie einst von Vater und Mutter, aber sie gibt dem Leben nichts. So entsteht, was Vater- oder Mutterbindung genannt wird, in jungen Jahren ganz natürlich. Zu lange festgehalten, werden solche Rückwärtsorientierungen destruktiv (d.h. zerstörerisch), sie lassen die Persönlichkeit verkümmern statt sie aufzubauen. Diese verweigerte Verantwortung auf Lebensstufen, auf denen eigenständige Verantwortlichkeit längst das Ruder bewußt ergriffen haben müßte, ist es, die den infantilen Mann oder die infantile Frau hervorbringt" – unfähig zur Partnerschaft in der Ehe oder zur „Ehelosigkeit um des Himmelreichs" willen.

6. *Impulstexte*

Der kranke, kranke Regenwurm

Es war einmal ein Regenwurm, der war sein ganzes Leben lang krank. Kaum hatte ihn seine Mutter auf die Welt gebracht, war er schon krank. Man merkte es an seiner unlustigen Art, daß ihm etwas fehlte. Der Wurmdoktor kam mit seinem Köfferchen gekrochen und fühlte ihm den Puls. „Was fehlt ihm?“ fragte die Mutter ängstlich. „Er ist krank“, sagte der Wurmdoktor und machte ein besorgtes Gesicht.
Die Mutter wickelte ihn in warme Sauerampferblätter ein und brachte ihm Schneckenschleim. Aber der Regenwurm blieb krank und zeigte keine Lebensfreude. Wenn die anderen Würmer spielen gingen, lag er krank in seinen Sauerampferblättern unter der Erde, er wußte nicht einmal, was Sonne und Regen ist. Er blieb auch krank, als er größer wurde. Nie verließ er sein Plätzchen unter der Erde, sondern lag immer in seinen Sauerampferblättern und aß traurig seinen Schneckenschleim. Drum wurde er auch nie von einer Amsel gefressen wie fast alle seine Kameraden und blieb die längste Zeit am Leben. Aber sagt mir selbst – ist das ein Leben?

Fritz Hohler

Ich bin ein freier Mensch, sagte sie.
Ich kann tun und lassen, was ich will.
Da stand sie am Fußgänger-Überweg und wartete auf Grün.

An meine Eltern:

Schenkt mir die Liebe, die annimmt,
vertraut und begleitet,
damit ich sie lerne
und mutig werde zu schenken. –
Mein Vater und meine Mutter,
wenn ihr mich freigebt aus Liebe,
kann ich mich finden und Euch
und das Leben. Sonst nicht.

Gerhard Kiefel

Die Schlafwandler

In meiner Heimatstadt lebte eine Frau mit ihrer Tochter. Beide wandelten im Schlaf. Eines Nachts, als alle Welt schwieg, trafen sich Mutter und Tochter schlafwandelnd in ihrem nebelverhangenen Garten. Und die Mutter sprach und sagte: „Endlich habe ich dich, Freundin! Du warst es, die meine Jugend zerstörte, und auf den Ruinen meines Lebens bist du groß geworden. Ich möchte dich töten!“ Und die Tochter erwiderte und sagte: „Verhaßtes Weib, selbstsüchtige Alte. Immer noch stehst du meiner Freiheit im Weg. Mein Leben soll wohl immer nur ein Echo deines Lebens sein. Ach, wärest du doch tot!“ In diesem Augenblick krähte der Hahn, und beide Frauen erwachten. Voller Sanftmut fragte die Mutter: „Bist du es, mein Herz?“, und die Tochter antwortete sanftmütig: „Ja, liebe Mutter.“

Kalil Gibran

3. Konflikte fair austragen

> Eine konfliktlose Welt wäre nicht eine friedliche Welt, sondern eine erdrückte, sterilisierte, ertötete.
>
> *Hartmut von Hentig*

Vorüberlegungen

Konflikte gehören zum Leben. Sie sind nichts Unanständiges, sondern Impulse zur Veränderung des einzelnen und der Gesellschaft. Konflikte werden eigentlich erst dann wahrgenommen, wenn sie bereits Folgen zeigen. Diese melden sich meist in Ärger und Aggressionen an, wobei Ärger eine defensive Haltung und Aggression eine offensive Haltung zum Konflikt anzeigen. Je länger ein Konflikt verdrängt oder vertuscht wird, desto mehr Emotionen werden in diesen Konflikt verwickelt, desto härter wird der Konflikt und desto schwieriger die Konfliktlösung. Einen Konflikt fair auszutragen heißt, den Konfliktpartner in seinem Anderssein ernstzunehmen und Bedingungen für die Verwirklichung der berechtigten Wünsche beider Seiten zu suchen – mit bekannten Worten ausgedrückt: den Nächsten lieben wie sich selbst.

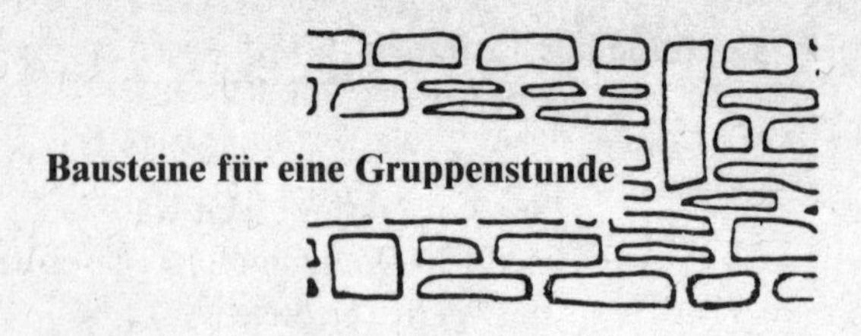

Bausteine für eine Gruppenstunde

1. Vorschlag für ein Rollenspiel in zwei Teilen

Ohne große Worte vorher zu machen, liest der Gruppenleiter die „Situationsschilderung“ vor:

30. Oktober, gegen Mitternacht. Der Vater liegt im Bett, will schlafen. Der Sohn hat eine neue Schallplatte bekommen und hört sie zum drittenmal, Zimmerlautstärke natürlich. Man muß ja Rücksicht nehmen auf die Alten.
Er geht zur Toilette, läßt die Zimmertür offen.
Der Vater schleicht in das Zimmer des Sohnes, will den Plattenspieler abstellen, kennt sich damit nicht aus, zerkratzt dabei die Platte.
Unterdessen kommt der Sohn zurück ins Zimmer, sieht den Vater, beide schämen sich, beschimpfen sich.

Spielt den folgenden Wortwechsel zwischen Vater und Sohn.
Wenn die Auseinandersetzung auf dem Höhepunkt angekommen ist, der Sohn unter Protest die Wohnung verläßt und ins Auto steigt, bricht der Gruppenleiter den Wortwechsel ab und sagt: „Zwei Tage später konnte man in der Zeitung lesen“:

STATT BESONDERER ANZEIGE

Dir, o Herr, geben wir ihn,
aber wir geben ihn mit wehem Herzen.

Gott der Herr nahm heute unseren lieben Sohn, Bruder, Enkel, Neffen, Vetter und Bräutigam

Günther Matthias Cillien

zu sich in die Ewigkeit.

Er starb im blühenden Alter von 21 Jahren.

O Herr, gib ihm die ewige Ruhe.

In stiller Trauer:
Peter Cillien
Klara Cillien geb. Theis
Geschwister und Anverwandte
Anni Zimmermann als Braut

5521 Dudeldorf, den 1. November 1980

Das Sterbeamt ist am Donnerstag, dem 6. November 1980, um 14.30 Uhr in Dudeldorf; anschl. Beerdigung.

- Wie reagiert die Gruppe auf den Eingriff des Gruppenleiters (betroffen, weigert sich, verdrängt das Problem ...)?
- Was sagen die beiden, die Vater und Sohn gespielt haben?
- Besteht in der Gruppe Interesse daran, das Rollenspiel jetzt fortzusetzen (mit Vater, Mutter, Schwester, Bruder, Braut, Polizei ...)?

Eine Anmerkung: Die Vorgaben zum Rollenspiel zu Beginn und die Todesanzeige haben ursprünglich nichts miteinander zu tun.

2. *Zur Klärung von Konflikten*

Zur Analyse eines konkreten Konflikts sollte die Gruppe sich zunächst folgende Fragen beantworten:

- Ist der Konflikt von allen Beteiligten als Konflikt erkannt worden, oder ist der Konflikt verdeckt?
- Was ist Gegenstand des Konfliktes, um welche Anliegen geht es?
- In welche allgemeine Situation ist der Konflikt eingebettet?
- Wer ist direkt am Konflikt beteiligt, warum und in welchem Ausmaß?
- Wie verhalten sich die Umstehenden oder das Umfeld zum Konflikt, und warum verhalten sie sich so?
- Welche Rollen nehmen die Beteiligten ein: zueinander und in bezug auf das Umfeld?
- Welche Interessen, Werte, Normen und Ordnungsvorstellungen werden von den Beteiligten vertreten?
- Was sind die Absichten und Ziele, die in dem Konflikt erreicht werden sollen? Werden diese deutlich gemacht?
- Auf welche Art und Weise kommunizieren die Beteiligten miteinander?
- Welche Machtmittel setzen die Beteiligten ein?
- In welcher Phase des Konflikts befinden wir uns?
- Welche Konfliktlösung wird angestrebt?

Fragen an mich:

- Mit wem habe ich zur Zeit Streit?
- Worum geht es dabei wirklich?
- Gibt es die Bereitschaft/die Möglichkeit zu einem Streitgespräch?
- Wie enden bei uns Streitgespräche? Gibt es immer nur denselben Sieger?
- Wie fühlt sich dann der Sieger, wie der Verlierer?
- Darf ich beim Konfliktgespräch sagen, was ich wirklich meine, oder habe ich Angst vor Liebesentzug – oder fürchte ich, daß der Konfliktpartner eine zugegebene Blöße gleich gegen mich ausnutzt?
- Könnte ich ein Gespräch versuchen – wenn wir uns dabei an gewisse „Streitregeln" halten?

Alternative: Die Gruppenmitglieder erzählen Beispiele gelungener bzw. mißlungener Kommunikation in einer Partnerschaft und suchen gemeinsam nach den Ursachen.

Streiten will gelernt sein –
Regeln für gutes Streiten

- Einen guten Zeitpunkt wählen, damit genug Zeit und Ruhe vorhanden ist. Nie den anderen überfallen.
- Konkret sein: Nicht allgemein Vorwürfe machen, sondern konkrete Situationen ansprechen, die einen stören.
- Vergangene Ereignisse und Konflikte nur dann erwähnen, wenn es unerläßlich ist, um Gefühle zu verdeutlichen, um zu erklären, was gemeint ist.
- Dem Partner zuhören, seine Argumente ernstnehmen, versuchen, sich in seine Situation hineinzuversetzen.
- Die eigenen Gefühlsreaktionen auf bestimmte Aussagen (z. B. Ärger und Freude) dem Partner mitteilen.
- Ehrlich sein, z. B. offen zugeben, in welcher Hinsicht man selbst versagt hat.
- Reizwörter und verletzende Aussagen vermeiden.
- Im Verlauf des Gesprächs Pausen machen, in denen die Partner darüber nachdenken und besprechen, wie das Gespräch bisher verlaufen ist, was schon erreicht wurde.

Den andern akzeptieren lernen

Ich habe entdeckt, daß es – genau wie beim Verstehen – keinesfalls leicht ist, einen anderen Menschen und seine Gefühle wirklich zu akzeptieren. Kann ich es einem anderen wirklich erlauben, mir gegenüber feindlich gestimmt zu sein? Kann ich seinen Ärger als realen und legitimen Teil seines Selbst anerkennen? Kann ich ihm zugestehen, das Leben und dessen Probleme auf eine ganz andere Art als ich zu betrachten? Kann ich ihn akzeptieren, wenn er sehr positiv mir gegenübersteht, mich bewundert und sich nach mir ausrichten möchte? All dies gehört mit zum Begriff des Akzeptierens – keine ganze einfache Sache. Ich glaube, es ist in unserer Kultur ein sich ausbreitendes, generelles Muster, daß jeder von uns annimmt: „Jeder andere Mensch muß das gleiche fühlen und denken und glauben wie ich." Wir finden es sehr schwierig, unseren Kindern oder unseren Eltern oder unseren Ehegatten zu erlauben, bestimmte Fragen oder Probleme anders als wir zu empfinden.

Carl R. Rogers

3. *Die Worte Jesu vom Frieden*
(aus der Bergpredigt Mt 5–7)

Die Bergpredigt kann nicht wortwörtlich als Gesetz verstanden werden, sonst dürften Christen nicht schwören (5,34), keinen Prozeß führen (5,40), nicht gemeinsam beten im Gottesdienst, sondern nur privat im Kämmerlein (6,6); sie müßten sich ein Auge ausreißen, wenn es sie zum Bösen verführt (5,29).
In der Bergpredigt verkündet Jesus kein neues Gesetz (alles, was er sagt, ist im Grunde bereits im Alten Testament schon da). Er hebt das Gottes-Gesetz auch nicht auf, sondern er will es erfüllen (5,17):
Er radikalisiert das Gesetz, indem er deutlich macht, daß es nicht genügt, gegen bestimmte Gebote nicht zu verstoßen, sondern daß mehr verlangt ist – nämlich unparteiische Liebe (die in Widerstreit liegt zu meiner Eigenliebe). Es geht in der Bergpredigt um die Lauterkeit der Absichten, nämlich darum, sich nicht auf Kosten anderer Vorteile zu verschaffen.
Richtschnur für mein Handeln ist, was ich mir wünsche, daß es die anderen mir tun:
- daß sie mir meinen Namen, mein Selbstwertgefühl lassen,
- daß sie mir einen Ort zugestehen, wo ich daheim bin,
- daß sie mir Freiheit zum Denken, Reden und Handeln lassen.

Dies berechtigte Eigeninteresse macht Jesus in der Goldenen Regel, die das ganze Gesetz zusammenfaßt, zum Maßstab für das sittlich richtige Handeln:

> Alles, was ihr von anderen erwartet,
> das tut auch ihnen.
>
> *Mt 7,12*

Du sollst nicht töten

Hier wird nicht gefragt, ob jedes Töten, jede Beschimpfung, die den Mitmenschen kränkt, sittlich schlecht ist. Die Gesetzeslehrer kannten verschiedene Strafen für denjenigen, der jemanden beschimpfte. Wenn Jesus hier schon für das Schimpfwort „Idiot“ das Gericht, das die Todesstrafe verhängen kann, zuständig sieht und demjenigen, der jemanden als gottlos schilt (deshalb soll er aus der Volksgemeinschaft ausgeschlossen werden), die ewige Verdammnis androht – was soll dann erst mit dem Mörder

Mt 5,21–22:

Ihr habt gehört, daß zu den Alten gesagt worden ist: Du sollst nicht töten; wer aber jemand tötet, soll dem Gericht verfallen sein. Ich aber sage euch: Jeder, der seinem Bruder auch nur zürnt, soll dem Gericht verfallen sein; und wer zu seinem Bruder sagt: Du Dummkopf!, soll dem Spruch des Hohen Rates verfallen sein; wer aber zu ihm sagt: Du (gottloser) Narr!, soll dem Feuer der Hölle verfallen sein.

Ex 5,13:

Du sollst nicht morden.

Ex 21, 12–14:

Wer einen Menschen so schlägt, daß er stirbt, wird mit dem Tod bestraft. Wenn er ihm aber nicht aufgelauert hat, sondern Gott es durch seine Hand geschehen ließ, werde ich dir einen Ort festsetzen, an den er fliehen kann. Hat einer vorsätzlich gehandelt und seinen Mitbürger aus dem Hinterhalt umgebracht, sollst du ihn von meinem Altar wegholen, damit er stirbt.

geschehen? In der Übertreibung wird deutlich, daß Jesus jede Form versagter Liebe für schlecht hält. Selbst wer die kleinen Gebote (z. B. das Verbot des Beschimpfens) nicht ernst nimmt, wird der Grundforderung nach unparteiischer Liebe nicht gerecht – wer läßt sich schon gerne beschimpfen? Erst recht verstößt gegen die Liebe, wer den anderen tötet.

Auge um Auge, Zahn um Zahn

Mt 5,38–39:

Ihr habt gehört, daß zu den Alten gesagt worden ist: Auge für Auge und Zahn für Zahn. Ich aber sage euch: Leistet dem, der euch etwas Böses antut, keinen Widerstand, sondern wenn dich einer auf die rechte Wange schlägt, dann halt ihm auch die andere hin.

Lev 24,20–22:

Bruch um Bruch, Auge um Auge, Zahn um Zahn. Der Schaden, den er einem Menschen zugefügt hat, soll ihm zugefügt werden. Wer ein Stück Vieh erschlägt, muß es ersetzen; wer aber einen Menschen erschlägt, wird mit dem Tod bestraft. Gleiches Recht soll bei euch für den Fremden wie für den Einheimischen gelten; denn ich bin der Herr, euer Gott.

Die gesetzliche Regelung, Gleiches mit Gleichem zu vergelten, schränkt die Blutrache ein; sie verhindert, daß der Bestrafte später das Gefühl hat, sich seinerseits wieder rächen zu müssen. Dieses Prinzip hat also Gewalt begrenzt (ähnlich wie die Lehre vom gerechten Krieg). Der Schlag mit der rechten Hand auf die rechte Backe des Gegners kann nur ein Schlag mit dem Handrücken sein; er galt als besonders schwerwiegende Beleidigung und wurde doppelt so schwer bestraft wie ein anderer Schlag, der „nur" Schmerz verursacht. Gebietet Jesus, auf Gerechtigkeit und Widerstand zu verzichten? Oder erinnert er daran, daß der Verzicht auf gerechtes Urteil im Interesse der unparteiischen Liebe geboten sein kann, daß die Goldene Regel mehr meint als die Gerechtigkeit des Gerichts?

Mt 5,40

Und wenn dich einer vor Gericht bringen will, um dir das Hemd wegzunehmen, dann laß ihm auch den Mantel.

Ex 22,25–26

Nimmst du von einem Mitbürger den *Mantel* zum Pfand, dann sollst du ihn bis Sonnenuntergang zurückgeben; denn es ist seine einzige Decke, der Mantel, mit dem er seinen bloßen Leib bedeckt. Worin soll er sonst schlafen? Wenn er zu mir schreit, höre ich es, denn ich habe Mitleid.

Der Mantel durfte nicht (bzw. nur mit Einschränkung von Ex 22) vom Gericht verpfändet werden. Jesus fordert hier, auf bestehendes Recht zu verzichten. Damit ist keine Pflicht zum Verzicht auf einen Prozeß ausgesprochen, sondern es ist die Frage an das Gewissen des einzelnen gestellt, ob er dem Neuanfang nicht eher dient, wenn er auf sein Recht verzichtet.

Liebt Eure Feinde

Mt 5,40–42

Und wenn dich einer zwingen will, eine Meile mit ihm zu gehen, dann geh zwei mit ihm. Wer dich bittet, dem gib, und wer von dir borgen will, den weise nicht ab.

Jemanden zwingen, eine Meile mit ihm zu gehen: die Soldaten der (römischen) Besatzungsmacht zwangen ortskundige Leute, ihnen den Weg zu zeigen. Das galt als Akt der Kollaboration mit dem Feind und wurde mit Verachtung bestraft.

Was Jesus hier fordert, widerspricht der Alltagserfahrung. Jesus provoziert. Dem menschlichen Normalverhalten wird Einhalt geboten – um Offenheit zu schaffen, einen Augen-blick in das Gesicht des anderen, der mir als Feind gegenübersteht, zu werfen. Diese Jesus-Worte „wollen dadurch, daß sie durch die Aufforderung zu einem anscheinend widersinnigen Tun das Normalverhalten stören, eine Chance dafür schaffen, auch im Feind den Nächsten zu erkennen und ihm als Mitmenschen gerecht zu werden“ (Paul Hoffmann). Dabei wird deutlich, daß hier nicht nur eine private neue Gesinnung gefordert wird, das ist der Anfang. Aber letztlich zielen diese Sätze auf eine Änderung der von Gewalt und Gegengewalt bestimmten menschlichen Beziehungen.

Mt 5,43–48

Ihr habt gehört, daß gesagt worden ist: Du sollst deinen Nächsten lieben und deinen Feind hassen. Ich aber sage euch: Liebt eure Feinde und betet für die, die euch verfolgen, damit ihr Söhne eures Vaters im Himmel werdet; denn er läßt seine Sonne aufgehen über Bösen und Guten, und er läßt regnen über Gerechte und Ungerechte. Wenn ihr nämlich nur die liebt, die euch lieben, welchen Lohn könnt ihr dafür erwarten? Tun das nicht auch die Zöllner? Und wenn ihr nur eure Brüder grüßt, was tut ihr damit Besonderes? Tun das nicht auch die Heiden?
Ihr sollt also vollkommen sein, wie es auch euer himmlischer Vater ist.

Lev 19,17–18

Du sollst in deinem Herzen keinen Haß gegen deinen Bruder tragen. Weise deinen Stammesgenossen zurecht, so wirst du seinetwegen keine Schuld auf dich laden. An den Kindern deines Volkes sollst du dich nicht rächen und ihnen nichts nachtragen.

Die *Siphra* (Auslegung) ergänzt: Du darfst dich rächen und nachtragend sein gegen andere, (d. h. Nichtjuden).
Du sollst deinen Nächsten lieben wie dich selbst.

Das erste religionsgeschichtliche Zeugnis dafür, daß für die Unterdrücker gebetet werden soll, ist der Brief des Propheten *Jeremia* an die Verbannten in Babylon (Jer 29,1–23)

So spricht der Herr der Heere, der Gott Israels, zur ganzen Gemeinde der Verbannten, die ich von Jerusalem nach Babel weggeführt habe: Baut Häuser, und wohnt darin, pflanzt Gärten, und eßt ihre Früchte! Nehmt euch Frauen, und zeugt Söhne und Töchter, nehmt für eure Söhne Frauen, und gebt eure Töchter Männern, damit sie Söhne und Töchter gebären. Ihr sollt euch dort vermehren und nicht vermindern. Bemüht euch um das Wohl der Stadt, in die ich euch weggeführt habe, und betet für sie zum Herrn, denn in ihrem Wohl liegt euer Wohl. *Jer 29, 4–7*

Selig, die Frieden stiften

Mt 5,9

Selig, die Frieden stiften, denn sie werden Söhne Gottes genannt werden.

Rabbi Abhajes:

Der Mensch mehre Frieden mit seinen Brüdern und mit seinen Verwandten und mit jedem Menschen, und sogar mit einem Nichtjuden auf der Straße,
damit er beliebt sei oben
und gefällig unten
und wohlgelitten sei unter den Menschen.

„Friedenschaffer" ist ein Ehrentitel, der ausschließlich dem römischen Kaiser (Augustus) zustand. Er wird hier vielen zuerkannt (und damit für den Kaiser infrage gestellt). Frieden schaffen steht im Gegensatz zum „Kriegmachen", das dem Teufel zugeschrieben wird (Offb 11,7 u. a.); Jakobus (4,1) sieht die Ursache der Kriege im Habenwollen der Menschen. Der Bergpredigt geht es also um die Überwindung letzter Vorbehalte, die aus der Sorge um das eigene Wohlergehen kommen.
Für mein sittliches Handeln bekomme ich hier Impulse, aber keine konkrete Antwort darauf, wie ich mich im Einzelfall zu verhalten habe. Dadurch wird die Bergpredigt keineswegs unverbindlich – im Gegenteil, sie ist von höchster Verbindlichkeit:

„Ihr sollt vollkommen sein, wie es auch euer himmlischer Vater ist."

(Mt 5,48)

Ein höherer Anspruch ist nicht mehr denkbar.

4. Bergpredigt und Politik

Auszug aus einem Interview, das der damalige Bundeskanzler *Helmut Schmidt* im April 1981 den „Evangelischen Kommentaren“ gab:
Kommentare: Nun aber wird von manchen Christen im Sinn der Bergpredigt ein einseitiger Verzicht auf militärische Sicherung vorgeschlagen.
Schmidt: Die Idee, die Bergpredigt unmittelbar auf die Außenpolitik unseres Staates zu übertragen, kann man leicht bewerten, indem man sie auf den extremen Fall anwendet: Was hätte es dem Frieden genützt, wenn ein ausländischer Staat Hitler oder Stalin auch noch die andere Backe hingehalten hätte? Das sind in ihrer Naivität absurde Vorstellungen, die völlig abstrahieren von der konkreten geschichtlichen Erfahrung.
Kommentare: Von welchen ethischen Prinzipien lassen Sie sich statt dessen leiten?
Schmidt: Ich verweise dabei auf die von mir vielfach zitierte Unterscheidung Max Webers zwischen Gesinnungsethik und Verantwortungsethik: Jemand, der für andere entscheidet, muß sich – jedenfalls in der Demokratie – dafür verantworten. Er muß sich vor Gott oder – wenn es weniger aufwendig klingen soll – vor dem eigenen Gewissen entscheiden, um so mehr, wenn er für andere entscheidet. Er muß die Folgen für alle verantworten und nicht bloß die Lauterkeit seiner persönlichen Motive.
Der Irrtum derer, die Waffenlosigkeit predigen, liegt darin, daß sie die Lauterkeit ihrer Motive bereits für den Erfolg halten. Wenn jedoch alle anderen zu Zeiten Stalins so gehandelt hätten, würden sowjetische Divisionen nicht bloß an der Elbe, sondern am Rhein, an der Nordsee oder auf Kreta stehen. Stalin hat es ja versucht, seinen Einflußbereich noch weiter auszudehnen. Seine Nachfolger versuchen es zwar nicht in Europa, aber doch in Südost- und Südwestasien, in Teilen Afrikas oder an der Südspitze der arabischen Halbinsel.
... Ich war und bin allerdings der Meinung, daß es ein Irrtum wäre, die Bergpredigt als einen Kanon für staatliches Handeln aufzufassen. So ist sie nicht gemeint gewesen, sie war in einer anderen Zeit für eine andere Gemeinde in einer anderen Lage gesprochen.

„Man sagt, mit der Bergpredigt könne man die Welt nicht regieren. Möglich, daß „man“ nicht kann. Aber vielleicht könnten wir, die nach Jesus Christus heißen, den einen oder anderen Schritt mit ihm gehen, um zu erkennen, wie man die Welt besser regieren kann als es heute geschieht.“ *Jörg Zink*

Gesinnungs- und Verantwortungsethik

Ein besonders beliebtes Argument ist bei Leuten, die sich Forderungen des Evangeliums nicht zu nahe kommen lassen wollen: Der christliche Glaube sei als Gesinnung durchaus achtbar, aber er tauge nicht für verantwortliches, vor allem nicht staatliches Handeln. Es gehe dort nicht um Gesinnung, sondern um Verantwortung.
Diese Trennung zwischen Gesinnungs- und Verantwortungsethik stammt von dem Soziologen Max Weber, der sie 1919, in der Diskussion zwischen Nationalisten und Pazifisten, ins Spiel brachte.
Ich persönlich frage mich, wie ich Verantwortung tragen soll, wenn ich meine Gesinnung dazu erst an der Garderobe abgegeben haben muß. Ich frage mich, was eine Verantwortung wert sein soll, die ohne Gesinnung auskommt, und eine Gesinnung, die sich notorisch nicht auswirken darf. Ich behaupte: Ich kann Verantwortung nur tragen, wenn ich von einer Gesinnung bestimmt bin. Bestimmt mich aber eine Gesinnung wie die, die aus dem christlichen Glauben hervorgeht, so führt sie mich unausweichlich auf das Feld, auf dem ich Verantwortung übernehmen muß, ob ich nun im Besitz von Macht bin oder nicht.

Jörg Zink

Stoßgebet des Verantwortungsethikers

Lieber Jesus, könntest du die Bergpredigt –
ich weiß, sie war sehr gut gemeint von dir –
denn nicht ein kleines bißchen umschreiben
beziehungsweise uminterpretieren, so daß
der Nachrüstungsbeschluß
von ihr gedeckt wird und
das Gleichgewicht
des Schreckens, das allein
(wie hättest du das wissen können damals!)
heut den Frieden garantiert?
Weise doch das teils verschlag'ne und teils
blauäugige Fähnlein der Gesinnungsethiker
zurecht, das deine Wahrheit dadurch, daß es
sie wortwörtlich nimmt, verfälscht!

Hans Stilett

Als Richtziele der Friedenserziehung sind anzusehen:
Bereitschaft, den anderen Menschen unvoreingenommen zu sehen, andere Gruppen und Völker kennenzulernen und sie in ihrem Anderssein anzunehmen; Rücksicht auf fremde Bedürfnisse und Klärung der eigenen;
Abbau von Vorurteilen;
Änderung von friedensgefährdenden Einstellungen und Verhaltensweisen;
Fähigkeit zur Zusammenarbeit, zum Kompromiß und zur Übereinkunft;
Parteinahme zugunsten Benachteiligter;
Mitwirkung bei der Überwindung von Unrechtszuständen;
Fähigkeit, Widerstand gegenüber den Bedingungen und Ursachen des Unfriedens zu leisten: in diesen Zusammenhang gehört auch die Bereitschaft zum Protest und zur gewaltlosen Aktion sowie deren Einübung;

Fähigkeit, jenen – besonders durch die Massenmedien vermittelten – Darstellungen und Deutungen der Wirklichkeit Widerstand entgegenzusetzen, die den Unfrieden verschleiern oder die Scheinerfolge von Gewaltlösungen verherrlichen.
Diese Einübung in eine Friedenspraxis muß jedoch ergänzt werden durch die Aneignung von Fähigkeiten, welche die Erkenntnis und Analyse innergesellschaftlicher und zwischenstaatlicher Bedingungen und Ursachen des Unfriedens fördern. Denn die notwendige und anzustrebende Sensibilisierung gegenüber Unrecht und Unfrieden muß soweit wie möglich mit der rationalen Einsicht in die Ursachen des Unfriedens verbunden werden, damit auch die Fähigkeit, angemessene und gewaltfreie Mittel der Konfliktaustragung zu wählen, eingeübt werden kann; andernfalls wird, was friedensförderndes Handeln sein soll, ziellos und blind. Dabei ist allen Methoden der Vorzug zu geben, die Wort und Tat in kritischer Prüfung verbinden, die zur Beteiligung möglichst vieler führen und die auch den Gegner in die Überlegungen und Aktionen der Konfliktregelung einschließen.

Synodenbeschluß – Entwicklung und Frieden, 2.2.3

1914 schrieb ein junger Pfarrer einen Brief an Kaiser Wilhelm II., in dem er das Ende des Krieges und die Bemühung um Frieden forderte. Der Kaiser schrieb an den Rand:
„Das ist wahres Christentum, leider zur Zeit nicht praktikabel."

„Bitte, lassen Sie die Kirche im Dorf!"

5. Ein modernes Beispiel

Anti-Western Ballade (Herbert Schaal 1975)

1. Er saß in der Kneipe am Tisch vis-à-vis,
saß da mit zwei Mädchen, ich sah ihn noch nie:
verwaschene Jeans an, den Hemdkragen auf,
sein Bier wurde alt, hatte wohl nicht viel drauf.

2. Spät kam noch 'ne männliche Clique herein,
die führten sich gleich ziemlich auffällig ein
und gaben sich stark – so zusammen nach zehn;
die hatten wohl grad einen Western gesehn.

3. Den Skatspielern soffen sie die Gläser leer
und schmissen mit Bierdeckeln so hin und her.
Sie schafften es schnell: man beachtete sie,
bis auf die Gruppe vom Tisch vis-à-vis.

4. Die hatten sich an das Hallo nicht gestört,
ihr Dreiergespräch ruhig weitergeführt,
als einer dort ankam und „Klugscheißer“ rief,
wobei er den Aschenbecher ergriff.

5. Bestätigung suchend sah er sich kurz um,
ging dann mit dem Pott um die Gruppe herum,
stieß grinsend den Kerl an und zögerte nicht:
er blies ihm die Asche gleich voll ins Gesicht.

6. Der Kerl sprang gleich auf,
schnaufte, schüttelte sich,
kam dann langsam rüber an unseren Tisch,
und ohne uns anzusehn, griff er sich stumm
schnell unseren Ascher und drehte sich um.

7. Die Mädchen begriffen die Absicht im Nu,
sie gingen ihm nach auf den Angreifer zu,
und nur von den beiden flankiert hielt er ihm
auch unseren Aschenbecher noch hin.

8. Das kam unerwartet, der blickte auch dumm
sich erstmal nach seinen Radaubrüdern um.
Dann hielten die Kriegsrat und taten sich schwer,
doch in unsrer Kneipe tat sich noch viel mehr.

9. Wir standen gleich alle – das gab es noch nie –
auf seiten der Gruppe vom Tisch vis-à-vis.
Da wollte die Clique nichts anders als gehn;
im Western ist das ja ganz anders zu sehn.

10. Dann mußten wir lachen,
weil der noch dort stand,
der hielt ja noch immer den Pott in der Hand,
als wollte er sagen: Wem so was gefällt,
dem bring ich gern alle Ascher der Welt.

Erschienen auf der LP „Stehn auf eigenen Füßen", Studio Montan, Köln

6. Impulstexte

Hauskonzert

Sohn spielt erste Geige,
Vater spielt zweite Geige,
Tochter spielt Cello,
Oma spielt Lotto,
Mutter spült.

Hardy Scharf

Halte du zuerst Frieden,
dann kannst du auch anderen
Frieden bringen.

Thomas von Kempen

Wer den Weltfrieden will,
muß in seiner nächsten Umgebung
mit dem Frieden beginnen.

Roland Schlutter

Fünf Vorsätze für jeden Tag

- Ich will bei der Wahrheit bleiben.
- Ich will mich keiner Ungerechtigkeit beugen.
- Ich will frei sein von Furcht.
- Ich will keine Gewalt anwenden.
- Ich will in jedem zuerst das Gute sehen.

Mahatma Gandhi

William Penn, Gründer von Pennsylvanien, traf im Oktober 1682 mit den indianischen Häuptlingen zu einem Vertragsabschluß zusammen - alle hatten die Waffen abgelegt. Unter den Sätzen des Vertrags scheint mir der wichtigste der zu sein:
daß ein jeder gelobte, bösen Gerüchten über den anderen nicht zu glauben und ihre Herkunft aufzudecken.

Reinhold Schneider

2. Themenreihe

Auf der Suche nach Sinn

„Wo komm ich her? Wo geh ich hin?
Sagt, worin liegt der Sinn?"

Alle Weltanschauungen und Religionen wollen auf diese letzten Fragen Antwort geben. Die Antworten fallen unterschiedlich aus, aber gemeinsam ist ihnen, daß es, wenn man ihnen folgt, Konsequenzen für die Gestaltung des Lebens hat: Wenn alles sinnlos ist, lebe ich anders, als wenn ich der Auffassung bin, daß ich durch Leiden geläutert, eine höhere Stufe des Daseins erreiche. Der christliche Glaube verweist auf Gott, der jeden einzelnen aus Liebe ins Leben ruft und sein Leben erfüllen will in der beglückenden Gemeinschaft mit sich - und allen anderen Menschen. Die Sehnsucht nach Glück, Geborgenheit und Liebe findet im Leben, das mit Sicherheit tödlich endet, keine Erfüllung - aber der Auftrag bleibt, diese Sehnsucht bei sich und bei den anderen so ernst zu nehmen und ihr so weit wie möglich zu entsprechen, damit eine Erfüllung jenseits der Todesgrenze möglich ist. Dieser Glaube an den menschenfreundlichen Gott, den Jesus Christus in seinem irdischen Leben in Wort und Tat vorgelebt hat, gibt dem Leben einen Sinn: Trotz aller „Behinderung", die in der eigenen Unvollkommenheit, aber auch in den Mängeln und Zwängen der Gesellschaft liegt, gibt es die Hoffnung auf Vollendung. Diesen Glauben, dieses grundsätzliche Vertrauen kann man anderen nicht beweisen wie eine mathematische Formel, kann man anderen nicht weitergeben wie ein Arzt einem Kranken Impfstoff mit der Spritze einverleibt; man kann ihn nur konkret spürbar werden lassen im Alltag: durch Gelassenheit und Vertrauen wie durch Engagement, durch Zeichen der Liebe und Verbundenheit mit Gott und den Menschen. Jemand hat einmal recht zutreffend gesagt:

„Rede nur, wenn Du gefragt wirst,
aber lebe so, daß man Dich fragt".

Bildmeditation: Glaube trägt

Ein Mann schwebt am Fallschirm auf die Erde zu. Ich bewundere diesen Mann, seinen Mut. Ich glaube, ich hätte Angst vor dem Fallen, wenn die Tür des Flugzeugs sich öffnet und ich mich fallen lassen soll.
Beim ersten Mal wünschte man sich, daß der Fallschirm sich schon im Flugzeug öffnet. Aber dafür ist dort kein Platz. Man muß erst durch die enge Luke hindurch, alle Sicherheit hinter sich lassen, springen, dann erst, mitten im freien Raum der Ungewißheit, des Wagnisses kann sich der Fallschirm entfalten. Dann trägt er aber auch sicher, bis man Boden unter den Füßen hat.
Auch der Glaube kommt erst da zur Entfaltung, wo wir uns nicht mehr festhalten können am sicheren Wissen, an der Gewohnheit. Wo man sich nicht mehr auf's „so machen es doch alle" verlassen kann. Der Absprung ins Ungewisse muß erst gewagt werden, damit der Glaube Raum hat, sich zu entfalten. Dann erst kann er zeigen, daß er sicher trägt. Wer das einmal erfahren hat, wagt es immer wieder.
Auch das ist wie beim Fallschirmspringer: Bei jedem Sprung bleibt die Spannung. Öffnet sich der Fallschirm? Jeder Sprung kostet Mut und Vertrauen. Aber mit jedem Sprung wächst auch die Freude am Springen.
Wenn wir mit unserer eigenen Unsicherheit, mit unserem Kleinglauben an unsere Aufgabe in der Jugendarbeit der Kirche denken, könnte es uns angst und bange werden. Wir sollen den uns anvertrauten Jugendlichen Geschmack am Glauben machen: die Erfahrung vermitteln, daß wir springen können, weil Gott uns trägt.
Um uns herum gibt es Menschen, die diese Erfahrung gemacht haben. Wir können uns fallen lassen, weil Gott uns trägt. Der Pilot, die Kameraden im Flugzeug machen Mut vor dem Absprung. Unten stehen Leute und warten auf den Fallschirmspringer, klatschen Beifall, wenn er landet. Sanitäter im Rettungswagen können im Notfall Erste Hilfe leisten. Menschen nehmen teil an der Furcht und an der Freude des Fallschirmspringers. Wer sich auf das Wagnis des Glaubens einläßt, trifft auf andere, die mitglauben.
Gerade junge Menschen brauchen Gesprächspartner, die solche Erfahrungen mit Gott, mit Gläubigen gemacht haben. Im Buch Deuteronomium (32,12) steht der schöne Adlerspruch: „Wie der Adler seine Braut emporscheucht und über seinen Jungen schwebt, wie er seine Fittiche ausbreitet, sie aufnimmt und auf seinen Flügeln trägt, so hat der Herr sein Volk geleitet." Wie der Adler das Junge fallen läßt, damit es fliegen lernt – und es doch vor dem Zerschmettertwerden rettet und sicher zurück zum Hort emporträgt –, so ist unser Gott.

1. Nichts zu verlieren außer der Angst

Sieh dich an,
sieh dir andere an:
wie traurig ihr seid.

Mauerinschrift

Vorüberlegungen
Viele Jugendliche haben Angst. Angst, keine Arbeit zu finden, Angst, den Partner zu verlieren, Angst, daß ihre Eltern sich scheiden lassen. Es wächst die Angst, gerade bei der jungen Generation, daß wir an die Grenzen des Machbaren gekommen sind, daß die technische Zivilisation, die so vieles im Leben erleichtert hat, lebensbedrohend wird: Atombombe, Kernkraft, Umweltverschmutzung. Die Scheu, sich zu entscheiden, verbindliche Beziehungen einzugehen, nimmt zu, weil man den anderen und sich selbst nicht traut.
Viele dieser Ängste lassen auf einen Mangel an Lebensperspektiven schließen: die Nichtvermittlung von Wertvorstellungen bzw. das Nebeneinander widersprüchlicher Verhaltensweisen in unserer pluralistischen Gesellschaft führt zur Orientierungskrise (nicht nur) von Jugendlichen. In dieser Situation stellt sich verschärft die Frage nach dem Sinn des Lebens.
Die Sinnfrage verdient eine Antwort. Aber wer kann antworten?

Es hat sich einst einer im tiefen Wald verirrt. Nach einer Zeit verirrte sich ein zweiter und traf auf den ersten. Ohne zu wissen, wie es dem ergangen war, fragte er ihn, auf welchem Weg man hinausgelange. „Den weiß ich nicht“, antwortete der erste, „aber ich kann dir die Wege zeigen, die nur noch tiefer ins Dickicht führen, und dann laß uns gemeinsam nach dem Wege suchen, der herausführt.“ *Martin Buber*

So könnte man sich gegenseitig auf Wege aufmerksam machen und im Miteinander-Leben in einer „reflektierten Gruppe“ einander Halt geben, gemeinsam Wege suchen. Dabei muß der Mitarbeiter in der kirchlichen Jugendarbeit den Mut aufbringen und anderen Mut machen, das eigene Leben „ins Spiel zu bringen“, zu sagen, wie er es versucht hat, sein Leben am Weg Jesu zu orientieren.

Wir sollten jede Gelegenheit nutzen, um zu erfahren, wie der Glaube unser Leben bereichert, wie er in uns zuverlässige Treue im Lebenskampf bewirkt, wie er unsere Hoffnung stärkt gegen den Ansturm jeder Art von Pessimismus und Verzweiflung, wie er uns an allem Extremismus vorbei zu einem überlegten Engagement für Gerechtigkeit und Frieden in der Welt motiviert, wie er uns schließlich im Leid trösten und aufrichten kann.“

Papst Johannes Paul II., Predigt in Osnabrück 1980

Bausteine für eine Gruppenstunde

1. Textvergleich

Brigitte fragt

Was hat das alles für einen Sinn? Warum lebe ich eigentlich? Wenn ich jetzt aus der Schule komme, möchte ich eine Lehrstelle finden. Aber wenn man das eine erreicht hat, hat man neue Wünsche und Sehnsüchte. Und wenn sie erfüllt werden? – Am Ende steht ja doch der Tod ...
Ich habe Angst vor der Zukunft. Ich möchte glücklich werden; das möchte jeder, das ist doch normal. Aber kann man überhaupt glücklich werden in dieser Zeit? – Wettrüsten, politische Unruhe, Hunger, Folterungen, täglich Katastrophenmeldungen, Alkoholmißbrauch und Drogen ... Freundschaften gehen zu Ende, Ehen zerbrechen ... Die Welt ist nicht schön, das Leben ist nicht lebenswert. Man wird geboren, um zu sterben; wer kann da einen Sinn finden?

Marcel bekennt

Ich will frei sein,
endlich frei sein von der Bevormundung meiner Eltern,
vom Druck der Schule,
von der Last zu arbeiten,
von der Meinung der anderen,
von den Moralvorstellungen der Kirche,
vom ständigen: das tut man nicht, das darfst du nicht ...

Ich will tun können,
was mir Freude macht,
was mich glücklich macht,
ohne Rücksicht auf das Gerede der Leute,
auf ihre spießige Meinung ...

Ich muß Kompromisse eingehen,
weil mein Geld nicht reicht,
weil meine Gesundheit nicht auf den Hund kommen soll,
weil ich andere manchmal brauche ...

Aber im übrigen will ich frei sein,
zu tun und zu lassen,
was mir gefällt.

Eine Gemeindereferentin erzählt
Als junges Mädchen hatte ich große Zukunftspläne.
Drei Berufe entwickelten sich nach und nach als Zielvorstellung.

1. In einer großen Familie aufgewachsen, wollte ich später selbst heiraten und Kinder haben.
2. Als ich die Schule kennenlernte, erwachte der Wunsch, Lehrerin zu werden. Ich wollte studieren, mit vielen Menschen zusammensein, die Welt kennenlernen. Bücher wurden meine Freunde und ständigen Begleiter.
3. Mit 12 Jahren mußte ich wegen einer Operation ins Krankenhaus. Ich wurde von einer Ordensschwester gepflegt, deren froher Dienst mich sehr beeindruckte. In mir reifte der Wunsch, ins Kloster zu gehen, frei zu sein für den Dienst vor Gott an den Menschen.

Jeder einzelne Beruf an sich war ein Lebensprogramm. Und keiner davon ging nach meinen Vorstellungen in Erfüllung.
Plan 3 geriet ins Wanken, weil inzwischen ein kranker Bruder zur Welt kam, der unsere ganze Liebe und Zeit beanspruchte. Meine Eltern fanden, daß ich nicht in der Ferne Gutes tun sollte, sondern da, wo ich bin: zu Hause. Mein Leben veränderte sich, da meine Freundinnen sich zurückzogen, denn ich nahm meinen behinderten Bruder immer mit, wenn ich ausging.
Plan 2 mußte ich schon früher fallenlassen, weil das notwendige Geld nicht vorhanden war und damals noch kein Bafög gezahlt wurde.
Der 1. Plan blieb also noch übrig: Heiraten und den Kranken mit in die Familie zu integrieren. Wo war der Partner, der mich mit dem behinderten Bruder lieben konnte?
So vergingen die Jahre. Zwischen Hoffen und Warten, zwischen Enttäuschung und Auflehnung. 14 Jahre dauerte die harte Prüfung. Mit 29 Jahren durfte ich einen sozialen Beruf erlernen. Ich lernte damit die Nöte der Menschen tiefer zu sehen, die Ausweglosigkeiten und bei vielen die Sinnlosigkeit. Ich spürte die große Sehnsucht der Menschen nach dem Bleibenden, nach der Geborgenheit des Glaubens. Ich habe versucht zu antworten und spürte deutlich meine Begrenztheit.
Ich studierte Theologie, um den Fragen der Menschen besser begegnen zu können. Gott hat mir sichtlich weitergeholfen. Er hat mir Menschen zur Seite gegeben, die mir behilflich waren auf dem Weg des Studiums. Im dankbaren Rückblick erkenne ich Gottes wunderbaren Plan mit mir. Inzwischen bin ich als Gemeindereferentin im kirchlichen Dienst.
Bin ich auch nicht leibliche Mutter, so brauchen viele ein mütterliches Herz. Bin ich nicht Lehrerin in der Schule, so kann ich vielen den Weg und das Wagnis des Glaubens lehren. Bin ich nicht Ordensfrau geworden, so doch frei für den Dienst vor Gott und an den Menschen.

Gesprächsimpuls: Stellt Euch vor, Brigitte, Marcel und die Gemeindereferentin wären bei Euch in der Gruppe. Brigitte würde ihre Fragen vorbringen und die beiden anderen würden ihre recht unterschiedlichen Auffassungen ins Spiel bringen. Führt dies Gespräch fort, bringt Eure Meinung mit ein!
Führt ein Gespräch über die Angst vor der Zukunft.

2. *Jugendliche und Senioren im Gespräch*

Angst vor der Zukunft - Angst vor dem Alleinsein. Beide Generationen haben ihre Fragen, oft jahrelang die gleichen, ohne daß es zu einem Dialog zwischen den Generationen kommt. In der Jugendarbeit können solche Gespräche initiiert und durchgeführt werden, die beiden Gruppen neue Perspektiven geben und das Verständnis füreinander fördern. Gerade der oben dokumentierte Filmvergleich stellt eine brauchbare Methode des Gesprächs auch zwischen Jugendlichen und Senioren dar.

3. *Filmvergleich*

Gesprächsaufhänger könnten die beiden folgenden Kurzfilme sein. Dabei kann man jeden für sich ansehen und darüber sprechen; man kann aber auch beide hintereinander als Kontrast ansehen und dann sich darüber austauschen.

Deshalb gehe ich nicht auf den Friedhof
Günter Höver
Bundesrepublik Deutschland
1974 15 Min. Farbe

Ein älteres Ehepaar spricht über seine Einstellung zu Leben und Tod. Sie geht gerne auf den Friedhof, er geht lieber in den Wald. Hinter ihren unterschiedlichen Einstellungen wird die unterschiedliche Erziehung zum Glauben in der Kindheit deutlich.

Yesterday when I was young
Mario Cortesi
Schweiz
1976 31 Min. Farbe

In teilweise harten Szenen zeigt der Film, daß Motorradfahren zwar ein befreiendes Abenteuer vermittelt, daß andererseits aber Folgen von Unfällen den grausamen Einschnitt in ein Leben bedeuten. Auch die Werbung der Industrie wird hier in Frage gestellt.

Wichtig ist bei diesem Gespräch vor allem, daß man nicht über „die Jugendlichen“ bzw. „die alten Leute“ spricht, sondern daß jeder von sich spricht, um die anderen über die eigene Sicht zu informieren und deren Sehweise kennenzulernen.

Zur Vertiefung bieten sich die folgenden Kurzfilme als Gesprächseinstieg an:

Noch 16 Tage ...
Siegfried Braun, Reinhold Iblacker
Bundesrepublik Deutschland
1971 30 Min.

Mehrfach ausgezeichneter ZDF-Bericht über eine Sterbeklinik in London, in der versucht wird, den Patienten zu helfen, in menschlicher Würde zu sterben, ihnen vor allem eine Atmosphäre der Geborgenheit zu vermitteln, sie also nicht abzuschieben und zu isolieren. Ein wichtiger Beitrag auch zur aktuellen Diskussion der „Sterbehilfe“.

Die Reise
Bogdan Zizic
Jugoslawien
1972 14 Min. Farbe

Kurzspielfilm. Sieben Reisende in einem Eisenbahnwaggon. In jedem Tunnel verschwindet einer der Mitreisenden. Die anderen überfällt Angst. Sie versuchen, einen Ausweg zu finden. Doch alles ist verschlossen. Eine moderne Parabel um Leben und Tod.

Zum Film „Die Reise“ bietet die Erzählung ‚Der Tunnel‘ von Friedrich Dürrenmatt (Verlag Die Arche, 1952) eine interessante Parallele.

Im Ernstfall
Rüdiger Graf
Bundesrepublik Deutschland
1977 19 Min. Farbe

Der Film visualisiert das biblische Gleichnis vom reichen Kornbauern, indem er die Handlung in unsere Zeit übersetzt. Der erfolgreiche Unternehmer hat sich gegen alle möglichen Rückschläge im Leben wirtschaftlich abgesichert. Zu seinem 50. Geburtstag ließ er sich einen Atombunker bauen, um für den „Ernstfall“ gerüstet zu sein. Weder sein Freund, noch seine Frau und seine Kinder teilen Hübners Einstellung zum Leben. Es kann im Leben nicht alles gekauft, eingeplant und durch Versicherungen abgedeckt werden. Der Herzinfarkt, den Hübner erleidet, macht die Fragwürdigkeit der menschlichen Existenz deutlich.

4. *Wer glaubt, zittert nicht.*
Drei glaubwürdige Menschen kommen zu Wort.

Oscar Arnulfo Romero, Erzbischof von San Salvador, geboren 15. August 1917 in Ciudad Barrios. Theologische Studien in Rom, am 14. April 1942 zum Priester geweiht. Pfarrer und Generalvikar in seiner Geburtsdiözese San Miguel. Am 25. April 1970 Weihbischof von San Salvador, 1975 zum Bischof von Santiago de Maria ernannt. Am 22. Februar 1977 Erzbischof von San Salvador. Unerschrockener Verfechter der Menschenrechte, rastloser Einsatz für die Armen, Unterdrückten, Ausgebeuteten, unrechtmäßig Gefangengenommenen. Am 24. März 1980 wurde Oscar Arnulfo Romero während einer Messe am Altar von „Unbekannten" erschossen. Was er sagte, hat er verbindlich gelebt und dafür mit seinem Leben bezahlt. „Die Welt, der die Kirche dienen muß, ist die Welt der Armen, und die Armen sind diejenigen, die entscheiden, was es für die Kirche heißt, wirklich in dieser Welt zu leben."

Angst ist etwas Menschliches,
das haben wir alle.
Es ist meine Pflicht,
mit meinem Volk zu sein,
und es wäre nicht recht,
Angst zu zeigen.

Ich bitte Gott darum,
auch wenn ich Angst habe,
daß ich weiterhin
meine Pflicht erfülle,
die ich für notwendig halte.

Wenn der Tod kommt,
dann kommt er
zu einem Zeitpunkt,
den Gott gewollt hat.

Oscar Arnulfo Romero

Martin Luther King, geboren am 15.1.1929 in Atlanta als Sohn eines Baptistenpfarrers. Er heiratete 1953 Coretta Scott. Vater von vier Kindern. 1954 wird er Pastor in Montgomery. Erringt 1956 den ersten Sieg eines gewaltlosen Negeraufstandes in den USA. Morddrohungen, Attentate, 20 Gefängnisstrafen. 1963 organisiert er den Freiheitsmarsch zum Weißen Haus. 1964 erhält er den Friedensnobelpreis. Am 4. 4. 1968 wird er in Memphis heimtückisch erschossen.

Gott ist mächtig.
Ist jemand unter uns, der seinem Lebensabend
entgegengeht und den Tod fürchtet?
Warum diese Furcht?

Gott ist mächtig.
Ist jemand unter uns, der über den Tod
eines geliebten Menschen verzweifelt ist?
Warum verzweifeln?

Gott kann die Kraft schenken,
das Leid zu tragen.
Sorgt sich jemand um seine schlechte Gesundheit?
Warum sich sorgen?

Komme, was mag. Gott ist mächtig.
Wenn unsere Tage verdunkelt sind
und unsere Nächte finsterer als tausend Mitternächte,
so wollen wir stets daran denken,
daß es in der Welt eine große segnende Kraft gibt,
die Gott heißt.
Gott kann Wege aus der Ausweglosigkeit weisen.
Er will das dunkle Gestern
in ein helles Morgen verwandeln –
zuletzt in den leuchtenden Morgen der Ewigkeit.

Martin Luther King

Ruth Pfau, 1929 in Leipzig geboren, 1953 zur katholischen Kirche gekommen, 1957 in den Orden der „Töchter vom Herzen Mariä" eingetreten, seit 1960 als Ärztin in Karachi/Pakistan.
Ihr Leben gehört den Aussätzigen: „Wenn ich ihr Leben nicht ändern kann, so will ich es wenigstens teilen."

Entscheidend bei der endgültigen Begegnung mit dem Christentum war für mich dies: das Du dort zu entdecken, wo es mit dem Eigentlichen zusammenfällt. Den Sprung zu machen. Sinn kann man letztlich nur erreichen durch einen Sprung. Er ist da. Wie die Liebe schon da ist, für die, die lieben. Ob der Sprung ins Leere geht oder ob er aufgefangen wird und trägt, das kann man nicht abstrakt entscheiden, das zeigt sich im Leben. Wenn er nicht getragen hätte, dann hätte ich die Konsequenzen gezogen. Darüber bin ich mir klar. Denn so berauschend fand ich das Leben nicht, habe ich es nie gefunden. Es gibt zuviel Ungerechtigkeit, zuviel Leid, als daß man an diesem Leben hängen müßte.

Ruth Pfau

5. Impulstexte

Je besser die Straßen
asphaltiert sind
umso weniger fragt
wer auf ihnen fährt
zu welchem Ende sie führen!

Gert Heidenreich

Alle Dinge hat Gott
fertig erschaffen,
nur den Menschen schuf
er auf Hoffnung hin.

Talmud

Gebet

Ich weiß nicht,
wer ich bin.
Hauptsache,
du weißt, wer ich bin.

Ich danke dir,
daß du ja sagst zu mir.
Ich danke dir,
daß du mich liebst.

Wenn ich das weiß,
dann weiß ich auch,
warum und wozu ich lebe,
dann weiß ich,
wer ich bin.

Ich sage
Amen.
So soll es sein.

Was der morgige Tag mir bringt, steht zwar in einem verschlossenen und versiegelten Brief. Ich weiß nicht, was der Brief enthält. Aber ich sehe den Absender, und ich weiß, wie der's mit mir meint. Darum sehe ich dem Marschbefehl getrost und frohen Mutes entgegen, auch wenn er mich genau in die umgekehrte Richtung schickt, als ich sie meinerseits für sinnvoll und wünschenswert halte.

Helmut Thielicke

2. Wir sind Protestleute gegen den Tod

Die Mutigen wissen
Daß sie nicht auferstehen
Daß kein Fleisch um sie wächst
Am jüngsten Morgen
Daß sie nichts mehr erinnern
Niemandem wiederbegegnen
Daß nichts ihrer wartet
Keine Seligkeit
Keine Folter
Ich
Bin nicht mutig.

Marie Luise Kaschnitz

Vorüberlegungen
„Gerät nicht unsere Gesellschaft immer mehr in den Bann einer allgemeinen Verständnislosigkeit, einer wachsenden Unempfindlichkeit gegenüber dem Leiden? Täglich aus aller Welt überschüttet mit Meldungen über Tod, Katastrophen und Leid, Brutalität und Grausamkeit, suchen wir uns - meist unbewußt - immun zu machen gegen Eindrücke, die wir in dieser Fülle gar nicht verarbeiten können. Viele trachten danach, sich gegen Unheil jeder Art zu versichern. Andere flüchten sich in Betäubungen. Wieder andere suchen Heil in der Utopie einer leidfreien Gesellschaft." (Synodenbeschluß „Unsere Hoffnung" I,2)
Viele Jugendliche kennen den Tod oft nur im Krimi, Western, Zombi-Video; sie erleben das Sterben von Angehörigen so gut wie gar nicht. Übers Sterben spricht man nicht. Aber das Problem läßt niemanden kalt: Der Unfalltod von jungen Leuten, die man kennt. Die Angst vor der Bombe, der unbewohnbar gemachten Erde, vor der Wirkung der Droge ...
„In dieser Situation bekennen wir Christen unsere Hoffnung auf die Auferweckung der Toten. Sie ist keine schön ersonnene Utopie; sie wurzelt vielmehr im Zeugnis von Christi Auferstehung, das von Anbeginn die Mitte unserer christlichen Gemeinschaft bildet ... Diese Hoffnung stiftet uns dazu an, für andere da zu sein, das Leben anderer durch solidarisches und stellvertretendes Leiden zu verwandeln. Darin machen wir unsere Hoffnung anschaulich und lebendig, darin erfahren wir uns und teilen uns mit als österliche Menschen." („Unsere Hoffnung" II,3)
So sind wir Christen „Protestleute gegen den Tod" (Christoph Blumhardt).

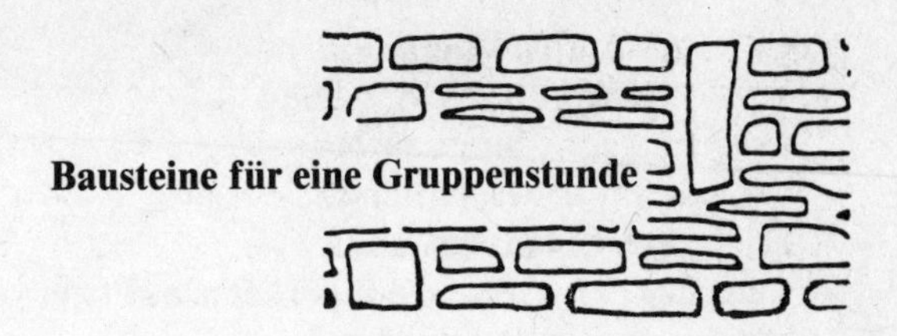

Bausteine für eine Gruppenstunde

1. Impulsgeschichte

„Kinder können da nicht mit", sagte die Mutter. „Ich möchte mal wissen, wie das gemacht wird", sagte Krischi. „Es ist zu traurig für dich", sagte die Mutter. „Ich heule bestimmt nicht", sagte Krischi.
Die Mutter sagte noch eine Menge. Daß es eine ernste Feier sei, bei der die Leute schwarze Kleider anhaben, daß Kinder dort stören, und daß es gar keinen Grund gäbe, Krischi mitzunehmen, weil sie mit dem alten Buschke von nebenan nicht einmal verwandt gewesen seien.
„Aber er war mein Freund", sagte Krischi, „und er hat mir immer Briefmarken geschenkt!" Dann drehte er sich um. Es hatte keinen Zweck, sie verstanden einen nie. Mit dem alten Opa Buschke hätte er darüber reden können. Aber der war ja nun tot.
Dann saß er ganz hinten. Er war mit dem Roller gekommen, niemand beachtete ihn. Die Kapuze vom Anorak zog er über den Kopf. Ob er so schwarz genug angezogen war?
Die Halle mit den bunten Fenstern gefiel ihm. Auch die Blumen und überhaupt alles. Er entdeckte einige Leute aus der Straße. Sie standen auf, als vier Männer einen großen Kasten hereintrugen.
Der Pfarrer erzählte eine Menge von Opa Buschke. Manches davon hatte Krischi gar nicht gewußt. Daß Opa Buschke einmal jung gewesen war und in einen Krieg zog, wofür er ein Abzeichen oder so etwas Ähnliches bekommen hatte. Darum also hatte Opa Buschke das kranke Bein gehabt? Manches wiederum wußte Krischi viel besser. Die Sache mit den Kohlen zum Beispiel, wo Opa Buschke sich einfach vom Bahndamm hatte rollen lassen, immer mit dem Sack voll geklauter Kohlen auf dem Rücken, und sie hatten ihn nicht erwischt.
Als die Leute nach draußen gingen, schloß er sich an. Die Männer ließen den Kasten an Stricken in ein großes Loch. Er faltete die Hände, wie die anderen Leute das auch machten. Wie tief mochte das Loch wohl sein? Da hatten sie aber eine Menge zu graben gehabt! Er hätte es sich gerne genau angesehen. Aber die Leute standen so dicht vor ihm.
Der Pfarrer betete und sagte, daß alles wieder zu Erde wird. Die Leute warfen Blumen und Erde in das Loch. Nachher würden die vier Männer wohl alles wieder zuschippen. Dann war es ein Grab. Opa Buschkes Grab.
So war das also! Jetzt wußte er es. Leise schlich er zur Seite. Wie lang war der Weg zurück zur Halle! Er löste das Steckschloß vom Roller und fuhr nach Hause. Nicht besonders schnell, er mußte nachdenken.
Nein, er heulte nicht. Aber er hätte sich gern mit jemand über das alles unterhalten. Von Mann zu Mann sozusagen. Zum Beispiel mit Opa Buschke.

Hanna Hanisch

Mögliche Fragen zum Gespräch:
- Welche Erfahrungen mit Tod und Beerdigung habt Ihr gemacht?
- Was habt Ihr dabei empfunden?
- Welche Fragen tauchen auf?
- Halten die Erwachsenen dieses Thema nicht nur von den Kindern, sondern auch von sich selbst fern?
- Wo kommen Gedanken an den Tod hoch?
- Wo verdrängt Ihr sie eher?
- Der Tod in Film und Fernsehen. Wie wird er dargestellt? Was empfindet Ihr dabei?
- Was würdest Du tun, wenn Du nur noch einen Tag zu leben hättest?

2. *Gruppengespräch: Christen bewältigen den Tod*

Der Gruppenleiter hat einige Zeitungsseiten mit Todesanzeigen mitgebracht und legt sie auf den Tisch. Zunächst wartet er ab, wie die Gruppenmitglieder reagieren. Nach einer kurzen Weile greift der Gruppenleiter in das Gespräch ein; er stimmt einem Gedanken zu oder widerspricht.

Impulsfragen für das Gespräch könnten sein:
- Welche Anzeige spricht Euch an?
- Was stört Euch an einer Anzeige?
- Was sagen die Anzeigen über den Menschen, dessen Tod mitgeteilt wird?
- Was sagen sie über den Glauben des Verstorbenen bzw. seiner Angehörigen?
- Welche Zeichen von Hoffnung und Trost findet Ihr in den Anzeigen?
- Ist es nicht auffallend, daß „Gott" in der Zeitung sonst nirgends vorkommt - nur in den Todesanzeigen?
- Wie würdet Ihr Euch Eure eigene Todesanzeige wünschen?

In einem weiteren Schritt könnte die Gruppe „Zeichen der Hoffnung" im Umkreis des Sterbens eines Christen suchen (z. B. Grabsteine, Beerdigungsliturgie, Brauchtum), oder sich von der Bibel ansprechen lassen: etwa Genesis 2 oder Offenbarung 21.

Ein Lied oder ein Gebet, z. B. „Mitten wir im Leben sind mit dem Tod umfangen" (Gotteslob 654) oder „Wir sind nur Gast auf Erden" (Gotteslob 656), kann die Gruppenstunde beenden.

Wer aus dem Glauben zu leben versteht, kennt Dimensionen,
die sein Leben reicher machen, die verhindern,
wie eine Eintagsfliege dahinzuleben.
Der glaubende Mensch weiß um sein Woher und Wohin,
er weiß um Gott als die Quelle seines Lebens,
als Garant seines Glückes und Grund seiner Hoffnung.
Er weiß um die Solidarität Gottes mit den Menschen in Jesus Christus:
Gott herrscht nicht über uns, sondern ist unser Bruder geworden.
Er will unsere Freiheit.
Er hat sein Leben für uns eingesetzt.
Er nimmt sein Wort nicht zurück.
Sein Leben ist Vorbild und Maßstab unseres Lebens.

aus: „Elemente", Werkheft der DPSG – Georgsverlag Düsseldorf

Im Sommer 1966 springt Joni Eareckson vom Floß ins Wasser – und schlägt mit dem Kopf auf einen Stein. Seitdem ist sie gelähmt. Drei Jahre lang hadert sie mit Gott, will sich das Leben nehmen. Sie berichtet:
Meine Freundin saß neben meinem Bett und versuchte verzweifelt, mich aufzumuntern und mir Mut zu machen. Schließlich platzte sie unbeholfen heraus: „Joni, Jesus weiß, wie du dich fühlst – du bist nicht die einzige ... er war auch gelähmt."
Ich starrte sie an. „Was? Worüber redest du?" Cindy fuhr fort: „Es stimmt doch. Erinnerst du dich nicht? Jesus wurde doch ans Kreuz genagelt. Sein Rücken war wund von den Schlägen, und er muß sich danach gesehnt haben, sich zu bewegen, seine Körperlage zu verändern. Aber er konnte nicht. Er war gelähmt durch die Nägel."
Der Gedanke packte mich. Er war mir vorher niemals klargewesen, daß Gott dieselben stechenden Schmerzen empfunden hatte, die jetzt meinen Körper schwächten. Die Vorstellung tröstete mich. Gott wurde mir unglaublich nah ...
Und da ist noch etwas. Ich hoffe auf die Zukunft. Die Bibel sagt uns, daß unsere Körper einmal im „Himmel" verherrlicht werden. Als ich noch zur Schule ging, verstand ich das nicht. Aber jetzt weiß ich, daß ich einmal geheilt sein werde. Ich verstehe jetzt die Bedeutung des Wortes „Verherrlicht sein". Das wird nach meinem Tode geschehen. Dann werde ich wieder auf meinen Füßen tanzen.

aus: Welt am Sonntag vom 7. 9. 1980

3. Man könnte doch mal ...

... auf den Bahnhof gehen

und im Wartesaal und
auf den Bahnsteigen
Stimmungen, Eindrücke, Bilder sammeln
und in der Gruppe sich austauschen
über diese Erfahrungen,
eine Collage dazu anfertigen,
eine Meditation schreiben,
Fotos entwickeln,
Texte dazu erfinden,
Texte aus der Literatur suchen,
sich in solchen „Bildern" wiederfinden
mit all den Ängsten und Hoffnungen.

... Besuche bei Alten, Kranken, Einsamen machen

mit einer Mitarbeiterin von der Sozialstation
oder aus dem Krankenhaus,
und dann mit ihr
oder mit einem Seelsorger
über Erfahrungen
mit dem Sterben,
mit den Sterbenden,
mit den Trauernden
sprechen.

... über die Passionsgeschichte nachdenken

den Weg Jesu mit-gehen
vom Abschiedsmahl bis zum Brotbrechen
in Emmaus,
mit Petrus, Judas,
mit Simon und mit den Frauen,
mit Thomas und seinen Zweifeln
an der Auferstehung.

... einen Gang über den Friedhof machen

und sehen, was er uns sagt
vom Leben und vom Tod der Menschen.
Grabsteine, Kreuze, Symbole, Worte ...

Vor dem Geburtsdatum ein Sternchen,
vor dem Todesdatum ein Kreuz
– der Stern von Bethlehem und das Kreuz von Golgatha –
Namen von Menschen, die wir nicht kennen,
von Verwandten, von Nachbarn, von Schulkameraden ...

4. Gruppengespräch: Was kommt nach dem Tod?

Eine oft gestellte Frage. Die Antwort des christlichen Glaubens ist klar, auch wenn sie vielen Christen nicht mehr so leicht von den Lippen geht:
Der Mensch überlebt den Tod und begegnet Gott „von Angesicht zu Angesicht“ (1 Kor 13,12) und erkennt in dieser Begegnung den Ertrag seines bisherigen Lebens: ob er liebesfähig ist, fähig, die Liebe Gottes anzunehmen und zu erwidern – oder nicht (vgl. die folgende Geschichte).

Das Zwiebelchen

Also: Es lebte einmal ein altes Weib, das war sehr, sehr böse und starb. Diese Alte hatte in ihrem Leben keine einzige gute Tat vollbracht. Da kamen denn die Teufel, ergriffen sie und warfen sie in den Feuersee. Ihr Schutzengel aber stand da und dachte: Kann ich mich denn keiner einzigen guten Tat von ihr erinnern, um sie Gott mitzuteilen? Da fiel ihm etwas ein, und er sagte zu Gott: „Sie hat einmal“, sagte er, „in ihrem Gemüsegärtchen ein Zwiebelchen herausgerissen und es einer Bettlerin geschenkt.“ Und Gott antwortete ihm: „Dann nimm“, sagte er, „dieses selbe Zwiebelchen, und halte es ihr hin in den See, so daß sie es zu ergreifen vermag, und wenn du sie daran aus dem See herausziehen kannst, so möge sie ins Paradies eingehen, wenn aber das Pflänzchen abreißt, so soll sie bleiben, wo sie ist.“ Der Engel lief zum Weibe und hielt ihr das Zwiebelchen hin: „Hier“, sagte er zu ihr, „faß an, wir wollen sehen, ob ich dich herausziehen kann!“ Und er begann vorsichtig zu ziehen – und hatte sie beinahe schon ganz herausgezogen, aber da bemerkten es die anderen Sünder im See, und wie sie das sahen, klammerten sie sich alle an sie, damit man auch sie mit ihr zusammen herauszöge. Aber das Weib war böse, sehr böse und stieß sie mit den Füßen zurück und schrie: „Nur mich allein soll man herausziehen und nicht euch, es ist mein Zwiebelchen und nicht eures.“ Wie sie aber das ausgesprochen hatte, riß das kleine Pflänzchen entzwei. Und das Weib fiel in den Feuersee zurück und brennt dort noch bis auf den heutigen Tag. Der Engel aber weinte und ging davon.

Fedor Michailowitsch Dostojewski

Entscheidend wird jedoch die Frage sein: Wie stehen wir selbst zum letzten Satz des Glaubensbekenntnisses:

„Wir erwarten die Auferstehung der Toten und das Leben der kommenden Welt“

Wenn sich die Gruppenmitglieder der Frage stellen, worauf es ankommt, wenn Er kommt, können sie den Text von Johannes Paul II. oder eins der angegebenen Lieder mitbedenken. Als Gesprächsimpuls eignen sich die folgenden Lieder:
„Ich steh vor dir mit leeren Händen“ (Gotteslob Nr. 621),
„Manchmal kennen wir Gottes Willen“ (Gotteslob Nr. 299),
„Gott liebt diese Welt“, (Gotteslob Nr. 297) oder auch
„Jetzt ist die Zeit, jetzt ist die Stunde“, Text Alois Albrecht, Musik Ludger Edelkötter, aus „Worauf es ankommt, wenn er kommt“, Impulse-Musik-Verlag, Drensteinfurt.

Vom Weltgericht: Matthäus 25,31–40
Wenn der Menschensohn in seiner Herrlichkeit kommt und alle Engel mit ihm, dann wird er sich auf den Thron seiner Herrlichkeit setzen. Und alle Völker werden vor ihm zusammengerufen werden, und er wird sie voneinander scheiden, wie der Hirt die Schafe von den Böcken scheidet. Er wird die Schafe zu seiner Rechten versammeln, die Böcke aber zur Linken. Dann wird der König denen auf der rechten Seite sagen: Kommet her, die ihr von meinem Vater gesegnet seid, nehmt das Reich in Besitz, das seit der Erschaffung der Welt für euch bestimmt ist. Denn ich war hungrig, und ihr habt mir zu essen gegeben; ich war durstig, und ihr habt mir zu trinken gegeben; ich war fremd und obdachlos, und ihr habt mich aufgenommen; ich war nackt, und ihr habt mir Kleidung gegeben; ich war krank, und ihr habt mich besucht; ich war im Gefängnis, und ihr seid zu mir gekommen. Dann werden ihm die Gerechten antworten: Herr, wann haben wir dich hungrig gesehen und dir zu essen gegeben, oder durstig und dir zu trinken gegeben? Und wann haben wir dich fremd und obdachlos gesehen und aufgenommen, oder nackt und dir Kleidung gegeben? Und wann haben wir dich krank oder im Gefängnis gesehen und sind zu dir gekommen? Darauf wird der König ihnen antworten: Amen, ich sage euch: Was ihr für einen meiner geringsten Brüder getan habt, das habt ihr mir getan.

„Wir kennen die Fragen, die Jesus Christus uns beim Jüngsten Gericht stellt“, sagt Papst Johannes Paul II. und bezieht sich auf Mt 25.
„Für uns Christen wird eine solche Verantwortung besonders offenkundig, wenn wir – und das sollten wir stets tun – uns an das Geschehen des

Jüngsten Gerichtes erinnern nach den Worten Christi, die uns im Matthäusevangelium überliefert sind.
Dieses eschatologische Bild muß immer auf die Geschichte des Menschen angewandt werden, muß stets der Maßstab für die menschlichen Handlungen sein, gleichsam ein Grundschema für die Gewissenserforschung eines jeden einzelnen und von allen zusammen: „Ich war hungrig, und ihr habt mir nichts zu essen gegeben; ... ich war nackt, und ihr habt mich nicht bekleidet; ich war ... im Gefängnis, und ihr habt mich nicht besucht". Diese Worte erhalten eine noch eindringlichere Mahnung, wenn wir daran denken, daß anstelle von Brot und kultureller Hilfe den neuen Staaten und Nationen, die zur Unabhängigkeit erwachen, mitunter große Mengen von modernen Waffen und Zerstörungsmitteln angeboten werden, die bewaffneten Auseinandersetzungen und Kriegen dienen sollen, welche in diesen Ländern nicht so sehr für die Verteidigung ihrer legitimen Rechte oder ihrer Souveränität notwendig sind, sondern vielmehr eine Form des Chauvinismus, des Imperialismus, des Neokolonialismus verschiedenster Art darstellen. Wir alle wissen, daß die Gebiete, in denen auf der Erde Elend und Hunger herrschen, in kurzer Zeit hätten fruchtbar gemacht werden können, wenn die ungeheuren Geldsummen anstatt für Waffen, die dem Krieg und der Zerstörung dienen, zur Nahrungsmittelproduktion eingesetzt worden wären, die dem Leben dient."

Redemptor Hominis, Nr. 16

5. *Impulstexte*

Was dem Leben Sinn verleiht, gibt auch dem Tod Sinn.

Saint-Exupéry

Auf die Frage des Spiegel,
von Emnid ermittelt,
ob es ein Leben
nach dem Tod gibt,
sind von 100 Befragten
achtundvierzig dafür und
achtundvierzig dagegen.
Und wer entscheidet?

Lothar Zenetti

Ich bin und weiß nit wer,
ich komm', weiß nit woher,
ich leb', weiß nit wie lang,
ich sterb' und weiß nit wann,
ich fahr', weiß nit wohin:
Mich wundert's, daß ich fröhlich bin.

Da mir mein Sein so unbekannt,
geb' ich es ganz in Gottes Hand, –
die führt es wohl, so her wie hin.
Mich wundert's, wenn ich noch traurig bin.

Hans Thoma

Traube war ich
getreten bin ich
Wein werd' ich

Notker von St. Gallen

Die Menschen

Jeder hat seine eigene, geheime, persönliche Welt.
Es gibt in dieser Welt den besten Augenblick,
Es gibt in dieser Welt die schrecklichste Stunde;
Aber dies alles ist uns verborgen.

Und wenn ein Mensch stirbt,
Dann stirbt mit ihm sein erster Schnee
Und sein erster Kuß und sein erster Kampf ...
All das nimmt er mit sich.

Was wissen wir über die Freunde, die Brüder,
Was wissen wir schon von unserer Liebsten?
Und über unseren eigenen Vater
Wissen wir, die wir alles wissen, nichts.

Die Menschen gehen fort ...
Da gibt es keine Rückkehr.
Ihre geheimen Welten können nicht wiedererstehen.
Und jedesmal möchte ich von neuem
Diese Unwiederbringlichkeit hinausschreien.

Jewgenij Jewtuschenko

Die Frage nach dem Leben der Toten zu vergessen und zu verdrängen, ist zutiefst unmenschlich.
Denn es bedeutet, die vergangenen Leiden zu vergessen und zu verdrängen und uns der Sinnlosigkeit dieser Leiden widerspruchslos zu ergeben. Schließlich macht auch kein Glück der Enkel das Leid der Väter wieder gut, und kein sozialer Fortschritt rührt versöhnend an die Ungerechtigkeit, die den Toten widerfuhr.

Synodenbeschluß „Unsere Hoffnung“

Wenn der Mensch geboren wird, hat er die Hände zusammengeballt, als wollte er sagen: „Ich erobere die Welt.“ Wenn er stirbt, sind seine Hände ausgestreckt, als wollte er sagen: „Ich habe nichts zurückbehalten, alles gehört Dir, o Gott.“

Midrasch (rabbinische Schriftauslegung)

3. Wenn es keine Auferstehung gäbe ...

Allmächtiger Gott,
du hast uns gezeigt, was wir erhoffen dürfen,
wenn unsere Annahme an Kindes Statt sich einmal vollendet.

ein Tagesgebet der Liturgie

Vorüberlegungen

Ein Schriftsteller hat einmal kurz und prägnant formuliert: „Es gibt nur eine einzige Entschuldigung für das Leben – die Auferstehung". Er sagt damit zum einen, daß das Leben so viele Enttäuschungen bietet, daß es einer Entschuldigung bedarf, weil es uns so viel schuldig bleibt. Zum anderen erinnert er nachträglich an die Kernaussage des christlichen Glaubens, daß das Leben nicht mit dem Tod endet, sondern daß es seine Fortsetzung, ja seine Vollendung findet in der Auferstehung von den Toten.
Weil Gott seinen Sohn, der Sinnlosigkeit und Tod auf sich genommen hat, nicht im Tod gelassen, sondern auferweckt hat, können wir hoffen, daß unsere Zukunft von Gott gehalten ist: Weil Jesus Christus lebt, haben wir Grund zur Hoffnung und Zuversicht; deshalb haben die recht, die ja sagen zum Leben und die Erwartung nicht aufgeben, daß Gott eines Tages vollendet, was Stückwerk geblieben ist im Leben.
Dieser Glaube an die Auferstehung muß sich im Alltag zeigen. Er darf nicht „Opium" sein, das uns davon abhält, gegen Unrecht und Leid anzugehen; sondern weil wir die Zusage des ewigen Lebens haben, müssen wir jetzt schon den Aufstand für das Leben wagen. Wo immer Lebensmöglichkeiten beschnitten werden, in unserem eigenen Leben und im Leben der Menschen um uns herum, müssen Christen sich einsetzen für die Veränderung ungerechter Zustände. Nur so ist der Glaube an die Auferstehung der Toten glaubwürdig.

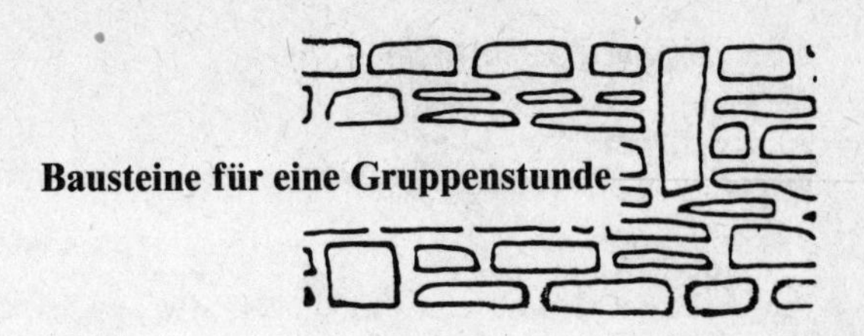

Bausteine für eine Gruppenstunde

1. Textimpuls

ihr fragt
wie ist
die auferstehung der toten? ich weiß es nicht

ihr fragt
wann ist
die auferstehung der toten? ich weiß es nicht

ihr fragt
gibts
eine auferstehung der toten? ich weiß es nicht

ihr fragt
gibts
keine auferstehung der toten? ich weiß es nicht

ich weiß
nur
wonach ihr nicht fragt: die auferstehung derer die leben

ich weiß
nur
wozu Er uns ruft: zur auferstehung heute und jetzt

Kurt Marti

Gesprächsimpulse: Welchen Aussagen im Gedicht von Kurt Marti könnt Ihr zustimmen, welchen nicht? Begründet Eure Meinung.
Welche Fragen zum Thema Auferstehung der Toten kommen Euch in den Sinn?

2. *Kurzfilm: „Mr. Pascal"*

Alison de Vere
England 1979
7 Min. Farbe

Parabel vom Traum eines alten verwitweten Schuhmachers, der durch seine Barmherzigkeit ein Kruzifix zum Leben erweckt.

3. *Erzählung: Birne in der Kirche*

„Birne findet eine schöne Frau, die sie mitnimmt in die Kirche. In der Kirche ist es ziemlich dunkel, obwohl die Fenster groß sind. Sie bestehen aus buntem Glas, das Bilder darstellt wie Gemälde. Hier ist alles voll Geschichten, sagt die schöne Frau. Jesus hat vor zweitausend Jahren gelebt. Seine Abenteuer stehen in einem Buch, das Bibel heißt. Der Vater von Jesus ist hundertmaltausendmalmillionen Jahre alt. Über ihn und die Menschen, die vor dreitausend oder zehntausend Jahren gelebt haben, gibt es auch viele Geschichten. Ich finde das blöd, sagt Birne. In jeder Kirche hängt dieser Jesus am Kreuz. Er sieht schrecklich aus, und die Geschichten, die man erzählt bekommt, sind alle alt. Warum baut man überhaupt Kirchen, wenn alles, was damit zu tun hat, längst vergangen ist? Eine Kirche ist zur Erinnerung da, sagt die schöne Frau.
In Kirchen ist es still, man kann darin beten oder eine Predigt hören. Was ist das, fragt Birne . . . Nun erklärt die schöne Frau, was das ist: beten und predigen. Sie streiten sich, ob man dazu wirklich Kirchen braucht, und sie gehen schließlich nach draußen, um auszuprobieren, ob es das auch außerhalb der Kirche geben kann. In diesem Augenblick kracht es auf der Schnellstraße, die um die Kirche führt. Zwei Autos sind zusammengestoßen. Birne fliegt in der Mitte der Straße in die Höhe, damit sie von allen gesehen wird, und blinkt rot. Die Autos halten, die Fahrer wissen, daß ein Unfall geschehen ist. Die schöne Frau eilt zur nächsten Telefonzelle und ruft die Polizei an. Zwei Autos sind bei der Kirche zusammengestoßen, sagt sie, wir brauchen einen Krankenwagen. Bei den zertrümmerten Autos stehen viele Leute und sehen zu, wie Blut auf die Straße fließt. Sie helfen den Verletzten nicht, sie reden nur.
Rot, gelb und blau saust Birne zwischen den Leuten hin und her, bis sie eine Gasse bilden. Die Verletzten stöhnen und werden bewußtlos. Die Zuschauer reden immer noch und fürchten sich vor dem vielen Blut. Da fliegt Birne durch die Unterführung in die Kirche und ruft: He, Jesus, wir brauchen dich! Draußen liegen Verletzte. Komm herunter von deinem

Kreuz! Sofort, sagt Jesus. Ich muß mir nur noch die Nägel aus Händen und Füßen ziehen. Er macht sich vom Kreuz los und steigt herunter. Birne, die neben ihm herschwebt, zeigt ihm den Weg durch die Unterführung. Auf der Straße stillt er sofort die Wunden der Verletzten. Einen Sterbenden belebt er wieder durch Mund-zu-Mund-Beatmung. Die Neugierigen, die nur zugesehen und nichts getan haben, staunen, wie leicht es diesem Mann aus der Kirche fällt, Verletzten zu helfen. Jeder kann helfen, ruft Jesus. Ihr müßt nicht staunen, sondern handeln.
Jesus, Jesus, ruft die schöne Frau. Das ist Jesus! Er ist von seinem Kreuz gestiegen. Jesus, Jesus, rufen alle. Sie heben ihn hoch und tragen ihn in die Kirche zurück. Sie können sich nicht vorstellen, daß es Jesus auch außerhalb der Kirche gibt. Als sie ihn wieder ans Kreuz hängen wollen, springt er auf den Altar und ruft: Ich will nicht mehr ans Kreuz! Wollt ihr denn immer einen Verletzten als Vorbild? Ich bin wie ihr! Ich will mich freuen und anderen helfen, die in Not sind. Und mit einem Sprung steht Jesus zwischen den Zuschauern und geht mit ihnen aus der Kirche. Seitdem wird in Kirchen wieder gelacht, vielleicht sitzt Jesus manchmal auch unter der Gemeinde, auf jeden Fall hängt kein Verletzter mehr am Kreuz. Die Kreuze wurden abgeschafft."

Günter Herburger

Zum methodischen Vorgehen

Der Gruppenleiter liest die Geschichte bis zum Ende des zweiten Abschnitts vor („Sie reden nur".). In kleinen Gruppen wird die Geschichte weiterentwickelt, als Erzählung, als Rollenspiel, als Bild ...
Wenn die Kleingruppen anschließend ihr Ergebnis vorstellen, kann gefragt werden:

- Wie seid Ihr zu Eurer Lösung gekommen?
- Was hat die Geschichte mit dem Thema „Auferstehung" zu tun?
- Wofür steht „Birne"? Woran glaubt sie?

Die Gruppe kann dann abwägen, was für oder gegen eine bestimmte Deutung spricht; dabei werden religiöse Vorstellungen und Einstellungen deutlich.
Zum Schluß kann man die Fortsetzung der Geschichte von G. Herburger lesen. Daraus wird nochmals ein Gespräch entstehen. Leitfrage könnte dabei sein:

- Wie wird der Glaube an die Auferstehung im alltäglichen Leben erfahrbar? Was ist ein „Aufstand für das Leben"?

4. Schriftgespräch 1 Korinther 15

Ich erinnere euch, Brüder, an das Evangelium, das ich euch verkündet habe. Ihr habt es angenommen; es ist der Grund, auf dem ihr steht. Durch dieses Evangelium werdet ihr gerettet, wenn ihr an dem Wortlaut festhaltet, den ich euch verkündet habe. Oder habt ihr den Glauben vielleicht unüberlegt angenommen?
Denn vor allem habe ich euch überliefert, was auch ich empfangen habe:

> Christus ist für unsere Sünden gestorben,
> gemäß der Schrift,
> und ist begraben worden.
> Er ist am dritten Tag auferweckt worden,
> gemäß der Schrift,
> und erschien dem Kephas, dann den Zwölf.

Danach erschien er mehr als fünfhundert Brüdern zugleich; die meisten von ihnen sind noch am Leben, einige sind entschlafen. Danach erschien er dem Jakobus, dann allen Aposteln.
Als letztem von allen erschien er auch mir, dem Unerwarteten, der „Mißgeburt". Denn ich bin der geringste von den Aposteln; ich bin nicht wert, Apostel genannt zu werden, weil ich die Kirche Gottes verfolgt habe.
Doch durch Gottes Gnade bin ich, was ich bin, und sein gnädiges Handeln an mir ist nicht ohne Wirkung geblieben. Mehr als sie alle habe ich mich abgemüht - nicht ich, sondern die Gnade Gottes zusammen mit mir.
Ob nun ich verkündige oder die anderen: das ist unsere Botschaft, und das ist der Glaube, den ihr angenommen habt. *1 Kor 15,1-11*

Das Glaubensbekenntnis des Apostels Paulus, was er vom Tod und der Auferstehung Jesu weiß (Vers 3-9) und welche Bedeutung das für seinen eigenen Glauben hat (Vers 12-25), kann Thema einer Gruppenstunde sein, die den Gesprächsbogen über den „Aufstand für das Leben" hinaus weiter spannt.

Zum Verständnis des Textes 1 Kor 15.

Die Frage, die Paulus zeitlebens beschäftigte, lautet: Wie kann das Todesverhängnis, das auf der ganzen Welt lastet, überwunden werden?
Die Erfahrung zeigt, daß alles, was auf der Erde existiert, vergänglich ist. Die Theologie des Alten Testaments lehrt, daß der Tod Folge der Sünde Adams ist (vgl. Gen 3,19). Paulus greift das Thema auf: „Durch einen einzigen Menschen kam die Sünde in die Welt und durch die Sünde der Tod, und auf diese Weise gelangte der Tod zu allen Menschen, weil alle sündigten" (Röm 5,12).

Seit dem Erlebnis vor Damaskus weiß Paulus, daß es jemanden gibt, über den der Tod keine Macht mehr hat (vgl. Röm 6,9): Vor Damaskus hat er Jesus als den Lebendigen erfahren. Von diesem Erlebnis her baut Paulus seine Theologie auf. Das Todesverhängnis, das über der Welt lastet, wird nicht dadurch überwunden, daß man das Gesetz hält, also durch das fromme Tun des Menschen, sondern allein durch den Todesgehorsam Jesu, der von Gott mit der Auferweckung, der darin bahnbrechend für die Menschen schlechthin ist, honoriert wird.
Zu Beginn des 15. Kapitels verweist Paulus auf den Kern des Evangeliums, eine Bekenntnisformel, die ihm schon so überliefert worden ist. Da wird die prägende Kraft des Osterereignisses sichtbar. Ein wirkliches Geschehen in der Geschichte wird überliefert, daß aber als das, was es ist, nur vom Glauben erkannt wird, als rettendes Evangelium.
Tod und Begräbnis Jesu, ein geschichtliches Ereignis. Paulus deutet es: Jesus ist für unsere Sünden gestorben.
Die Auferweckung und die Erscheinung des Auferstandenen vor Zeugen, ebenfalls ein Ereignis, das Folgen für uns hat (vgl. Verse 12–34).
In den Versen 35 bis 58 versucht Paulus stammelnd Antwort zu geben auf die Frage: Wie verhält sich der irdische Leib zum Auferstehungsleib, die Zeit zur Ewigkeit, was ist das mit Tod, Gericht, Jüngstem Tag?

Methodisch kann man so vorgehen, daß einer der folgenden Texte eine Brücke zum Vorhergehenden schlägt:

Tod & Auferstehung

Lieber Apostel Paulus
wenn ich mal so sagen darf,
nicht wahr, du hast doch,
ich meine, was Jesus angeht,
genauer seine Auferstehung,
das nicht so wörtlich gemeint:
eins Korinther fünfzehn;
du weißt schon,
nur in dem Sinne wohl
daß er sozusagen geistig,
sinnbildlich gemeint
in uns allen weiterlebt,
daß wir neuen Mut fassen,
den Blick erheben

wie die Natur erneut aufblüht,
so ähnlich eben;
es geht schon, die Sache
geht schon weiter, man muß
sie vorantreiben, die gute Sache,
an die wir doch alle irgendwie
glauben, den Fortschritt mein' ich,
Mitmenschlichkeit und so.
Friede, nicht wahr,
das wolltest du doch sagen –
Nein?

Lothar Zenetti

Gegen Verführung

Laßt euch nicht verführen!
Es gibt keine Wiederkehr.
Der Tag steht in den Türen;
Ihr könnt schon Nachtwind spüren:
Es kommt kein Morgen mehr.

Laßt euch nicht betrügen!
Das Leben wenig ist.
Schlürft es in schnellen Zügen!
Es wird euch nicht genügen
Wenn ihr es lassen müßt!

Laßt euch nicht vertrösten!
Ihr habt nicht zuviel Zeit!
Laßt Moder den Erlösten!
Das Leben ist am größten:
Es steht nicht mehr bereit.

Laßt euch nicht verführen
Zu Fron und Ausgezehr!
Was kann euch Angst noch rühren?
Ihr sterbt mit allen Tieren
Und es kommt nichts nachher.

Bertolt Brecht

Ich halte Jesus von Nazareth für den glücklichsten Menschen, der je gelebt hat.

Ich halte Jesus von Nazareth für den glücklichsten Menschen, der je gelebt hat. Ich denke, daß die Kraft seiner Phantasie aus dem Glück heraus verstanden werden muß. Alle Phantasie ist ins Gelingen verliebt. Sie läßt sich etwas einfallen und sprengt immer wieder Grenzen und befreit Menschen, die sich unter diesen Grenzen in Opfer und Entsagung, in Repression und Rache ducken und sie so ewig verlängern.
Jesus erscheint in der Schilderung der Evangelisten als ein Mensch, der seine Umgebung mit Glück ansteckte, der seine Kraft weitergab, der verschenkte, was er hatte.
Das konventionelle Bild von Jesus hat immer seinen Gehorsam und Opfersinn in den Vordergrund gestellt. Aber „Phantasie, die aus Glück gegeben wird" scheint mir eine genauere Beschreibung seines Lebens. Auch für Jesus gilt: Je mehr Glück, um so mehr Fähigkeit zu wirklicher Preisgabe. Von Christus ist zu lernen: je glücklicher einer ist, um so leichter kann er loslassen.
Seine Hände krampfen sich nicht um das ihm zugefallene Stück Leben. Da er die ganze Seligkeit sein nennt, ist er nicht aufs Festhalten erpicht. Seine Hände können sich öffnen.

Dorothee Sölle

Steht noch dahin

Ob wir davonkommen ohne gefoltert zu werden, ob wir eines natürlichen Todes sterben, ob wir nicht wieder hungern, die Abfalleimer nach Kartoffelschalen durchsuchen, ob wir getrieben werden in Rudeln, wir haben's gesehen. Ob wir nicht noch die Zellenklopfsprache lernen, den Nächsten belauern, vom Nächsten belauert werden, und bei dem Wort Freiheit weinen müssen. Ob wir uns fortstehlen rechtzeitig auf ein weißes Bett oder zugrunde gehen am hundertfachen Atomblitz, ob wir es fertigbringen mit einer Hoffnung zu sterben, steht noch dahin, steht alles noch dahin.

Marie Luise Kaschnitz

Ich erschrak, als ich merkte,
daß ich bin, wie man ist.

Fridolin Stier

Die Mitte	Die Mitte
der Nacht	der Not
ist	ist
der Anfang	der Anfang
des Tages.	vom Licht.

Menschen
die aus der Hoffnung leben
sehen weiter

Menschen
die aus der Liebe leben
sehen tiefer

Menschen
die aus dem Glauben leben
sehen alles in einem
anderen Licht

3. Themenreihe

Jesus begegnen in der Gemeinschaft der Glaubenden

Wenn einer allein träumt,
ist es nur ein Traum.
Wenn viele träumen,
ist es der Beginn
einer neuen Wirklichkeit.

Von Jesus Christus wissen wir, daß er auf Seiten des Lebens steht: „Leben in Fülle“ (Joh 10,10) ist sein Anliegen.
Viele Menschen leiden: sie haben Angst vor einem möglichen Krieg, vor den Folgen der Umweltzerstörung, sie sind allein, haben Hunger, sind krank oder unfrei. Jesus Christus hat sich mit den Leidenden so solidarisch erklärt, daß er in ihnen leidet (vgl. Mt 25,40). So können wir Christus begegnen in jedem Menschen, ob er elend oder einsam ist oder in Angst und Sorge lebt.
Seinem Auftrag getreu, finden sich Menschen zusammen, die sich einsetzen für eine gerechtere, christlichere Welt, weil die Herrschaft Gottes schon begonnen hat, weil sein Reich im Kommen ist. Gestärkt durch sein Wort und seine wirkmächtigen Heilsgaben (die Sakramente) bilden sie eine Gemeinschaft - in seinem Geist. In Gebet und Gottesdienst und im Dienst an den Menschen geben sie der Welt ein Zeichen der Hoffnung: sie bekunden, daß Gott die Welt und die Menschen nicht aufgegeben hat.
Der bekannte brasilianische Bischof Dom Helder Camara sagt in diesem Zusammenhang: „Natürlich, man nennt mich da und dort einen Utopisten, aber dann sage ich, wehe der Welt, in der es keine Utopisten gäbe. Wenn jemand alleine träumt, dann ist das nur ein Traum, wenn wir aber zusammen träumen, dann ist das der Beginn der Wirklichkeit. Ich kann Ihnen also versichern, wir sind nicht allein. Wir träumen zusammen, und Gott segnet unseren Traum, und das ist doch ein großartiger Traum. Es geht also darum, den Traum Gottes zu verwirklichen.“
Den Traum Gottes verwirklichen, das kann nicht der einzelne allein, das kann er nur in der Gemeinschaft von Glaubenden. Das ist dann zugleich der Ort der Begegnung mit Jesus, dem Menschfürandere, dem Gottmituns: das Geheimnis der Kirche.

Bildmeditation: Jesus heilt einen Aussätzigen

Eine Bildmeditation zu einer Illustration aus dem Echternacher Codex aureus, um 1050.
Ein altes Bild, das eine Begebenheit aus dem Leben Jesu veranschaulicht. Der Evangelist Matthäus (8,1–4) hat uns den Vorfall überliefert:

„Als Jesus vom Berg hinabstieg, folgten ihm viele Menschen. Da kam ein Aussätziger, fiel vor ihm nieder und sagte: Herr, wenn du willst, kannst du machen, daß ich rein werde. Jesus streckte die Hand aus, berührte ihn und sagte: Ich will es – sei rein. Im gleichen Augenblick wurde der Aussätzige rein."

Ich sehe unten rechts den Aussätzigen. Die ansteckende Krankheit hat seinen Leib zerstört, er ist mit Wunden übersät. Er ist nicht anzusehen. Man darf ihn auch nicht anfassen, sonst könnte man sich anstecken. Deshalb werden die Aussätzigen aus ihrer Familie, aus ihrem Dorf entfernt: ausgesetzt.
Der Aussätzige ist unansehnlich.
Keiner darf ihn berühren, keiner darf sich ihm zuwenden.
Er ist ausgestoßen, heimatlos.
Er kann nichts mehr machen, er ist am Rand.
Der Aussätzige ist ein anschauliches Beispiel für den Menschen, der an eine absolute Grenze stößt, dem das Leben eng wird, der keine Hoffnung mehr hat.

Manchmal fühle ich mich auch so – aussätzig. Niemand kann ich es recht machen, niemand mag mich leiden. Zuhause nörgeln sie ständig an mir herum, in der Clique habe ich nichts zu sagen. Was mache ich, wenn ich keine Lehrstelle finde? Wenn mir der Arzt eines Tages sagt, daß ich Krebs habe? . . .
Ja, ich bin fertig gemacht, bedeutungslos, ohnmächtig, ausgeliefert . . .
Der Aussätzige hebt bittend die Hände empor: „Herr, wenn du willst, kannst du mich rein machen." Könnte ich in einer ausweglosen Lage auch so bitten?
Kann ich mich umdrehen, meine Ängste und Sorgen hinter mir lassen und Jesus ins Gesicht blicken: „Herr, wenn du willst . . ."?

Der Aussätzige wendet sich vertrauensvoll Jesus zu, weil er angstfrei auf ihn zukommt. Das läßt ihn Gutes erwarten, und Jesus enttäuscht ihn nicht!
Jesus kommt von oben, vom Berg, von Gott her – aus der Zone des Lebens. Er steigt herab, er neigt sich zu dem Ausgestoßenen. Er schaut ihn an – und gibt ihm damit sein Aussehen wieder. Er berührt den Aussätzigen

und verstößt damit gegen hygienische und religiöse Gesetze. Er nimmt Gemeinschaft mit ihm auf, macht ihn wieder gesellschaftsfähig. Jesus heilt ihn.
Schaut einmal die viel zu groß gezeichnete Hand Jesu an; die segnende Hand. Segen ist nichts anderes als die Befreiung zum Leben, Errettung aus dem Tod. Jesu Berührung stiftet Beziehung, Gemeinschaft, Heil: Auferstehung mitten im Leben.
Das suche ich doch auch: Leben vor und nach dem Tod: geglücktes Leben in Gemeinschaft mit Menschen, die ich mag und die mich lieben, Ansehen, Wertschätzung, die Möglichkeit, etwas tun zu können, was mir gefällt und was gut ist.

Hinter Jesus sehen wir seine Nachfolger: Zwei Apostel in langen Gewändern, dann Menschen des Mittelalters, Zeitgenossen des Malers, in kurzen Röcken. Sie sind Augenzeugen dessen, was Jesus tut. Was hier geschieht, ist nicht ein einmaliges Wunder vor 2000 Jahren, es ist Gegenwart. Die Menschen, die Jesus folgen, sehen, wie Jesus mit dem Ausgestoßenen umgeht. Der Jünger hinter Jesus schaut seine Hand an. Er will lernen, die Menschen so zu behandeln, wie Jesus sie behandelt: Jesus geht auf die Menschen zu, sie sind ihm ganz wichtig, er nimmt sie ganz ernst. Er versteht, was sie bedrückt (und was sie freut).
Jesus sieht den Menschen an: aus seinen Augen sprüht förmlich Leben – die Begegnung mit ihm belebt, heilt.
Jesus berührt den Menschen; dadurch wird er befreit von seiner Krankheit, von der Last, die ihn hoffnungslos zu Boden drückte: Jesus läßt ihn aufleben, frei werden.
Jesus führt den Menschen zur Gemeinschaft mit den Mitmenschen zurück. Er gibt ihm Freude und Heimat wieder.

Jesus ist Gottes Kind. Er weiß, wie Gott wirklich zu den Menschen steht. Die Gleichnisse Jesu und die Art, wie er mit den Menschen umgeht, zeigen, wie Gott mit den Menschen umgeht. So wie Jesus der Anwalt der Menschen und eines menschenfreundlichen Lebens ist, so steht Gott für den Menschen ein – vor und nach dem Tod. Der schönste Namen Gottes steht im Alten Testament (Weisheit 11,26): „du Freund des Lebens“.

1. Christen leben alternativ

„Seid untereinander so gesinnt,
wie es dem Leben in Christus Jesus entspricht:
Er war Gott gleich,
hielt aber nicht daran fest, wie Gott zu sein,
sondern er entäußerte sich
und wurde wie ein Sklave
und den Menschen gleich.
Sein Leben war das eines Menschen;
er erniedrigte sich
und war gehorsam bis zum Tod,
bis zum Tod am Kreuz.
Darum hat ihn Gott über alle erhöht
und ihm den Namen verliehen,
der größer ist als alle Namen,
damit alle im Himmel, auf der Erde und unter der Erde
ihre Knie beugen vor dem Namen Jesu
und jeder Mund bekennt:
‚Jesus Christus ist der Herr' –
zur Ehre Gottes, des Vaters." Phil 2,5–11

Vorüberlegungen

Jesus nachfolgen – d. h. damals wie heute: alternativ leben, nämlich teilhaben an seiner „Karriere nach unten" (Heinz Schürmann). Jesus lehnte die Versuchung zur Macht ab, obwohl er Macht hatte wie kein anderer; er richtete seinen Sinn nicht auf Geld und Vergnügen.
In der Geschichte der Kirche gibt es bis in die Gegenwart hinein Beispiele dafür, wie Menschen ernst machen mit dem Anspruch Jesu, der zur Umkehr auffordert, zur Abkehr von einer verkehrten Lebensweise, in der es darauf ankommt, was zu haben, um was zu sein. Die Menschen, die anders lebten und leben, erregten und erregen Aufsehen, Kopfschütteln, aber auch Achtung und Anerkennung. Wer mit wachen Augen die Lebensbedingungen auf dem „Raumschiff Erde" betrachtet, weiß, daß wir so nicht weitermachen können wie bisher. Wir müssen anders leben, damit wir wie auch die anderen neben und nach uns überleben können. Dazu muß sich jeder selbst durchringen. Er braucht aber auch die Gemeinschaft der anderen, wenn er das Andersleben durchhalten will. Auch hier gilt: Christ kann man nicht alleine sein.

Bausteine für eine Gruppenstunde

1. Einstiegstext:
Ein russisches Mädchen entdeckt den Glauben.

Ein 18jähriges russisches Mädchen, Mitglied des kommunistischen Jugendverbandes Komsomol, schrieb 1976 der Zeitschrift, die zur Verbreitung des Atheismus in der Sowjetunion herausgegeben wird, einen erstaunlichen Brief:

Sei gegrüßt, liebe Redaktion!
Es schreibt Euch ein Mädchen, das die sowjetische Zehnklassenschule absolvierte. Heute besuche ich das Technikum; ich bin Komsomolzin. Niemand und niemals hat mir jemand den Glauben an Gott eingeredet und aufgedrängt; und ich selbst habe mich für diese Frage früher wenig interessiert. Einmal überschritt ich die Schwelle einer Kirche. Ein lieblicher Strom ergreifender Gesänge wogte auf mich ein, süßer Wohlgeruch des Weihrauchs, die Flammen brennender Kerzen. Und etwas in mir kam ins Wanken . . .
Von diesem denkwürdigen Augenblick an strebte ich mit allen Kräften darnach, mich mit dieser heiligen Reinheit zu vereinigen. Ich bin keine Fanatikerin, sondern ein einfaches sowjetisches Mädchen. Ich liebe es, mich zu amüsieren, gehe ins Kino, schaue das Fernsehen an; ich lebe beinahe wie alle. Aber für mich ist es ein großer Festtag, wenn ich in die Kirche gehe (davon weiß nicht einmal meine Mutter, sie wäre wohl sehr verwundert).
Ich glaube an Gott wie an ein schönes Märchen. Und was ist schon böses daran, es bringt niemandem Schaden, sondern bloß Nutzen. Wenn alle Menschen aufrichtig an Gott glaubten, gäbe es bei uns nicht Betrug, Lüge, Verrat und Mord. *Swetlana S.*

Überlegt in der Gruppe:
- Ist Swetlana eine Christin? Wenn ja, warum – wenn nein, was fehlt ihr?
- Überlegt, was in Eurem Leben anders wäre, wenn es die Kirche nicht gäbe!
- Überlegt, welchen Menschen, welchen Begebenheiten Ihr es verdankt, daß Ihr Christen seid!

2. *Alternativ leben – wie Elisabeth*

„Ich wollte, wir wären arm: wir hätten nur einen Acker Land und zweihundert Schafe. Ihr würdet das Land mit euren Händen bebauen, und ich würde die Schafe melken", sagt eines Nachts Elisabeth, die junge Herrin auf der Wartburg, etwa 15 Jahre alt, zu ihrem Mann, Landgraf Ludwig von Thüringen. Ludwig lacht, beglückwünscht sie zu ihrer Kindlichkeit und sagt: „Eya, liebe Schwester, wenn wir einen Acker Land und zweihundert Schafe hätten, wären wir nicht arm, sondern reich."

Eine Gruppenstunde über das Leben der hl. Elisabeth

1. Jemand liest einen kurzgefaßten Lebenslauf der hl. Elisabeth vor (z. B. aus „Porträts engagierter Christen", herausg. vom Informationszentrum Berufe der Kirche, Freiburg).
2. Die Gruppenmitglieder ergänzen, was sie über Elisabeth wissen. Sie suchen Bilder über ihr Leben.
3. Zur Vertiefung/Ergänzung bekommen einzelne Gruppenmitglieder die folgenden Seiten, lesen sie durch und berichten den übrigen, zu welchen Punkten des Lebenslaufs sie etwas zu erzählen wissen. (Rundgespräch, kritische Fragen).
4. Die Gruppe überlegt, warum Elisabeth uns heute imponiert, was an ihr stutzig macht, wo sie uns ein Beispiel sein kann.
5. Die Gruppe kann daraus ein Theaterstück, eine Hörszene, einen Schaukasten, einen Gottesdienst gestalten.

Elisabeth – ihr Leben

Die neunzehnjährige aus Ungarn stammende Fürstin der Wartburg, seit fünf Jahren glücklich verheiratet, konnte sich von ihrem Mann kaum lösen, als er 1227 zum Kreuzzug ins Heilige Land aufbrach. Sie begleitete ihn zwei Tagereisen weit. Beim Abschied war sie starr vor Schmerz. Fortan trug sie schwarze Witwenkleider. Als sie wenige Wochen danach von der Nachricht seines Todes getroffen wurde, „sprang sie auf in großem Schmerz und lief im Saal hin und her, weinend und schreiend, wie ein Mensch, der von Sinnen ist." Zu allem Unglück von den Verwandten ihres Mannes heftig angefeindet, floh sie im Winter nachts aus der Wartburg: Da sie nicht aus Raub und Plünderung der Armen, wie sie an Fürstenhöfen vorzukommen pflegen, ihren Unterhalt bestreiten wollte, wählte sie lieber die Verbannung und den Erwerb ihres Lebensunterhalts durch ihrer Hände Arbeit.

Alle ihre Not wurde ihr nicht zur Versuchung zu verzweifeln, sich in ihr Leid zu vergraben. Es war ihr gegeben, die eigene Not als Anruf zu verstehen: sich ganz, ungeteilt der Not der anderen zuzuwenden. Sie nahm ihre „Berufung für die Armen" an. Ihre schon früher immer wieder durchbrechende Sehnsucht nach einem Leben der radikalen christlichen Armut – wie es Franz von Assisi zur gleichen Zeit vorlebte – begann sich zu erfüllen. Die erste Nacht nach ihrer Flucht verbrachte sie in einem Stall: leere Fässer standen herum, Schweine waren dort untergebracht gewesen. Am Morgen ging sie zu den Franziskanern in Eisenach und bat sie, das Loblied des „Tedeum“ anzustimmen: sie hatte das Gefühl der errungenen Freiheit. „Nun endlich bin ich so arm wie Christus!“

Schon zu Lebzeiten ihres Mannes hatte sie sich auf ungewöhnliche Weise für die Armen eingesetzt. Da sie nicht von den Erträgnissen und den Steuern, die man von den Bauern erpreßt hatte, leben wollte, aß sie an der fürstlichen Tafel nur von den Speisen, von denen sie wußte, daß sie auf rechte Weise erworben waren: ein stummer Protest, der revolutionär wirkte, ihr Bedrängnis und Haß einbrachte. Die Mägde durften sie nicht „Herrin“ nennen, denn sie fühlte sich nicht über ihnen, stellte sich ihnen gleich, aß mit ihnen – aller Konvention zum Trotz – aus einer Schüssel. Als in Thüringen in Abwesenheit des Fürsten eine Hungersnot ausbrach, leerte sie entschlossen die Getreidespeicher der Burg bis zum letzten Korn, verkaufte ihre Juwelen und Kleider. Täglich ging sie den steilen Burgweg hinunter, um die Kranken zu besuchen und zu pflegen. Jetzt nach ihrer Flucht lebte sie ganz für die Armen und Ausgestoßenen. Nachdem ihr Beichtvater die Vermögensfragen mit den Verwandten geklärt hatte, konnte sie in Marburg ein Hospital bauen – für eine Frau damals etwas völlig Außergewöhnliches. Sie nahm sich besonders der Kranken an, die niemand pflegen wollte: Aussätzige. Für Elisabeth war in den Kranken der unsichtbare Herr gegenwärtig: „Was ihr für einen meiner geringsten Brüder getan habt, das habt ihr mir getan.“ (Mt 25,40). Sie brachte, in der Gefolgschaft des Poverello von Assisi, dessen Dritten Orden sie beitrat, den verborgenen Wert der christlichen Armut und des Dienstes an den Armen neu zum Leuchten – durch ihre Existenz. Zeitgenössische Berichte erwähnen immer wieder ihre innere Heiterkeit, die ein Strahl des Evangeliums ist. Sie vermochte alles Leid zu tragen, weil sie im Glauben wunderbare Stärkung erfuhr. In einer Vision sagte Christus zu ihr: „Wenn du bei mir sein willst, so will ich bei dir sein.“ Wie auch immer der Herr sie ansprach – durch das Glück der Ehe, das eigene Leid und die Not der Armen oder in mystischen Erfahrungen: sie vernahm den Anruf und folgte ihm, wohin sie auch geführt wurde.

Vierundzwanzigjährig starb sie am 17. November 1231. Bereits 1236 wurde sie heiliggesprochen.

Elisabeth und Ludwig

„Eine der schönsten Liebesgeschichten in der Welt der Heiligen" (Ida Friederike Görres).

Als Elisabeth mit 4 Jahren auf die Wartburg kam, war ihr Bräutigam 13 Jahre alt: die von den Eltern geplante Hochzeit war ein politisches Geschäft. Trotzdem wurde die kurze Ehe der beiden – Elisabeth heiratete mit 14 Jahren – glücklich, weil beide sich verstanden und liebten: „Ihrer beiden Herzen hatten sich in süßer Liebe miteinander verbunden, daß sie nicht lange voneinander getrennt sein mochten. Die Herrin folgte daher häufig ihrem Gemahl auf rauhen Wegen, über weite Strecken und bei schlechtem Wetter" (Bericht der Dienerinnen).

„War doch einmal eine Trennung notwendig, flog sie ihm bei seiner Heimkehr mit offenen Armen entgegen und ‚küßte ihn mit Herz und Mund mehr denn tausend Stund', wie es in der alten Berichterstattung ganz ungenierlich heißt. Von sich stürmisch küssenden Heiligen liest man gewöhnlich nichts in den hagiographischen Büchern (= Heiligenleben). Warum eigentlich nicht?" (W. Nigg, Elisabeth von Thüringen, Freiburg 1979, S. 18).

„Ich schließe Ludwig in meine Liebe zu Gott ein, und ich hoffe, daß Gott, der die Ehe geheiligt hat, uns ein ewiges Leben gewähren wird". So sagte Elisabeth.

Nach sechsjähriger glücklicher Ehe stirbt Landgraf Ludwig auf dem Kreuzzug in Süditalien an der Pest. Wenige Tage später, noch bevor die Todesnachricht auf die Wartburg gekommen war, wird ihr drittes Kind geboren: mit 20 Jahren war Elisabeth Witwe, Mutter von drei kleinen Kindern, von der Verwandtschaft abgelehnt.

„Wir sollen die Menschen froh machen."

Als Elisabeth von ihrem Schwager schließlich als Ersatz für ihr Witwengut 2000 Mark in Silber bekam, rief sie die Armen und Schwachen aus einem Umkreis von zwölf Meilen an einem bestimmten Tag zusammen und verteilte ein Viertel der Summe unter sie. Sie machte daraus ein Fest, ließ die Armen sich niedersetzen und verteilte das Geld mit eigener Hand. Jede Gabe wurde von einem guten und tröstlichen Wort begleitet. Es war Abend, bis alle befriedigt waren. Die meisten waren schon fort, nur die Alten, Schwachen und Kranken, denen der späte Heimweg zu mühsam war, schickten sich an, die Nacht im Freien zu verbringen. Elisabeth sah sie, und da sie bedachte, daß dies ja die Ärmsten und Bedauernswertesten waren, schenkte sie jedem noch einmal eine kleine Summe, auch Brot, damit sie sich sättigen konnten. Aber auch das war ihr noch nicht genug.

Es war zwar kein Winter, aber die Nacht war frisch. So ließ sie ein Feuer anzünden, damit die Menschen sich wärmen könnten, ordnete überdies an, daß ihnen die müden und wehen Füße gewaschen wurden. Die armen und verhärteten Leute spürten, daß ihnen hier mehr gegeben wurde als Almosen, daß sie geliebt und mit Herzlichkeit umsorgt wurden. Das machte sie fröhlich, ließ sie ihr Leid vergessen. Einer begann vor sich hinzusingen, die anderen fielen ein. So saßen sie um das Feuer. Elisabeth war glücklich und sagte zu ihren Gefährtinnen: „Seht ihr, ich habe es immer gesagt, wir sollen die Menschen froh machen."

Mutter Teresa gibt den Rat: „Es sollte niemals jemand zu dir kommen, ohne daß er dich glücklicher verläßt und es ihm besser geht!"

3. Alternativ leben - wie Martin

So geschehen im Jahre 334 an einem Wintertag am Stadttor von Amiens: ein römischer Offizier zerschneidet seinen Uniform-Mantel und gibt die Hälfte einem Bettler.

Einmal, Martin besaß schon nichts mehr als seine Waffen und ein einziges Soldatengewand, da begegnete ihm im Winter, der ungewöhnlich rauh war, so daß viele der eisigen Kälte erlagen, am Stadttor von Amiens ein notdürftig bekleideter Armer. Der flehte die Vorübergehenden um Erbarmen an. Aber alle gingen an dem Unglücklichen vorbei. Da erkannte der Mann voll des Geistes Gottes, daß jener für ihn vorbehalten sei, weil die andern kein Erbarmen übten. Doch was tun? Er trug nichts als den Soldatenmantel, den er umgeworfen, alles übrige hatte er ja für ähnliche Zwecke verwendet. Er zog also das Schwert, mit dem er umgürtet war, schnitt den Mantel mitten durch und gab die eine Hälfte dem Armen, die andere legte er sich selbst wieder um. Da fingen manche der Umstehenden an zu lachen, weil er im halben Mantel ihnen verunstaltet vorkam. Viele aber, die mehr Einsicht besaßen, seufzten tief, daß sie es ihm nicht gleich getan und den Armen nicht bekleidet hatten, zumal da sie bei ihrem Reichtum keine Blöße befürchten mußten.
In der folgenden Nacht nun erschien Christus mit jenem Mantelstück, womit der Heilige den Armen bekleidet hatte, dem Martinus im Schlafe. Er wurde aufgefordert, den Herrn genau zu betrachten und das Gewand, das er verschenkt hatte, wieder zu erkennen. Dann hörte er Jesus laut zu der Engelschar, die ihn umgab, sagen: „Martinus, obwohl erst Taufbewerber, hat mich mit diesem Mantel bekleidet."

Martin von Tours - sein Leben

316/317	Martin wird in Sabaria im heutigen Ungarn als Sohn eines röm. Tribunen geboren. Er wächst in Pavia auf. Mit zehn (oder 12) Jahren bewirbt er sich um die Taufe (wird Katechumene).

331 Mit 15 Jahren tritt er auf Befehl des Vaters in die römische Armee ein, wird Gardeoffizier.

334 teilt er mit 18 Jahren in Amiens seinen Soldatenmantel mit einem Bettler.

Ostern 334 läßt er sich taufen, dann verweigert er in der Nähe von Worms den Kriegsdienst und verläßt die Armee.

361 Nach Jahren des Lebens als Einsiedler gründet er in Ligugé das erste Kloster Galliens, dann 375 das Kloster Marmoutier, das Mutterkloster und Zentrum der gallisch-fränkischen Mönchsbewegung.

371 wird er zum Bischof von Tours gewählt.

385/386 Vor und nach der Hinrichtung des Priscillian (wegen Magie zum Tode verurteilt) setzt er sich in Trier bei Kaiser Maximus für die Häretiker ein.

8.11.397 ist er auf einer Seelsorgereise in Candes gestorben.

11.11.397 wird er in Tours beerdigt. Martin ist einer der ersten Nicht-Märtyrer, die in der Kirche als Heilige verehrt werden.

Das Leben des hl. Martin ist uns von seinem Freund Sulpicius Severus überliefert, der den Bericht noch zu Lebzeiten des Heiligen verfaßt hat. Aber gerade die Ereignisse in seiner Jugend sind nicht mit Sicherheit festzustellen. Nur drei Daten finden die Zustimmung fast aller Historiker. 371 Bischofswahl, 385 Besuch in Trier, 397 Tod und Begräbnis (am 11. 11.).

Impulse für eine Gesprächsrunde:

- Informiert Euch über Leben und Wirken des hl. Martin (lesenswert: W. Nigg/H. N. Loose, Martin von Tours, Freiburg 1977)
- Wie versuchte der hl. Martin, „alternativ" zu leben?
- Wo erscheint Euch der hl. Martin besonders aktuell?
- Wie könnt Ihr versuchen, etwas in der Art des hl. Martin zu tun?
- Wann betet Ihr? - Wie betet Ihr? - Warum betet Ihr (nicht)?

Impulse für die Gruppenarbeit

Martins Verständnis von Christsein zeigt
drei auffallende Gesichtspunkte:
Martin sucht die Einsamkeit;
Martin betet;
Martin lebt enthaltsam.

Kann ich mit mir allein sein?
Wo habe ich erfüllte Einsamkeit erlebt?
Kenne ich Wege zur Stille, Orte der Stille, Menschen erfüllten Schweigens?
Wo sind Menschen ungewollt einsam? Was tue ich dagegen - was kann unsere Gruppe tun?

Eine neue Hochschätzung des enthaltsamen, einfachen Lebens in einer Welt des Wohlstands drückt sich in Aktionen junger Christen aus.

- Besuch eines Kaufhauses; Anschauen der Waren und Prüfung, ob sie notwendig sind oder nicht.
- Verzicht auf bestimmte Konsumgüter für einen begrenzten Zeitraum.
- Ein Martinsfasten vom 11.11. bis Weihnachten durchführen und überlegen, welcher Aktion das ersparte Geld zukommen soll.
- Feste feiern, für die nicht einfach eingekauft wird, sondern selbst gebacken, gekocht und gebastelt wird. Kann man ohne Alkohol feiern? Habt Ihr es versucht?

Martin zeigt Zivilcourage

Gerade im 4. Jahrhundert verwirrten verschiedene Irrlehren die Christenheit. Was Priscillian lehrte, ist heute nicht mehr ganz zu klären. Jedenfalls lehnten die spanischen Bischöfe die Lehre Priscillians ab, verhafteten ihn und klagten ihn vor dem Kaiser an. Martin lehnte seine Auffassung ebenfalls ab, aber er wehrte sich entschieden gegen die Todesstrafe für Irrlehrer.
Priscillian war ein vornehmer spanischer Laie und vertrat eine asketische Lehre. Sein Hauptgegner war der Bischof Ithacius, der im Jahre 380 auf einer Synode von Saragossa die Lehre dieser Sekte verurteilen ließ. Er gewann dadurch die Sympathie des Kaisers Maximus, dem es um die Einheit des Reiches und die Einheit der Lehre ging. Zum ersten Mal war in einem Fall sogenannter Ketzerei die Todesstrafe verhängt worden. Martin wandte sich entschieden gegen eine so brutale Unterdrückung religiöser Überzeugung. Er war der Meinung, das Schwert dürfe nicht über eine Frage der Lehre richten, Geistiges müsse geistig überwunden werden; sonst zeigt sich die Ohnmacht des Geistes. Im Gegensatz zu anderen Bischöfen hatte er es bisher vermieden, den in Trier residierenden Kaiser Maximus zu besuchen. Er lehnte es ab, Tischgenosse eines Mannes zu sein, der durch die Ermordung seines Vorgängers Kaiser geworden war. Priscillian zuliebe unternahm er jedoch diese Reise nach Trier. Er protestierte vor dem Kaiser gegen die Tötung von Irrlehrern, gegen staatliche Einmischung in kirchliche Angelegenheiten. Er konnte die Hinrichtung des

Angeklagten nicht verhindern, vielmehr wurde Priscillian mit sechs Gefährten in Trier lebendig verbrannt.
Mit dieser Hinrichtung lud die Kirche, kaum von der Verfolgung befreit, schwere Schuld auf sich. Der ersten Ketzerverbrennung folgten viele. Martins Eintreten für irrende Brüder – Brüder liebt man und verbrennt sie nicht – zeigt uns, daß man als Christ auch mit Menschen zusammen leben kann, selbst wenn man ihre Überzeugung nicht teilt. Die Nächstenliebe verlangt nicht, eine falsche Auffassung als richtig anzuerkennen, aber die Meinung eines anderen Menschen müssen wir gelten lassen. Um dem Wunsch des Kaisers nach sichtbarer Einheit zu entsprechen, feierte er mit den Bischöfen zusammen, die die Hinrichtung Priscillians betrieben hatten, im Trierer Dom Gottesdienst. Martin hatte bis an sein Lebensende Gewissensbisse, daß er, um Menschenleben zu retten, (die Ketzerverfolgung hörte zunächst auf) mit würdelosen Bischöfen Gemeinschaften gehalten hatte. Auf dem Heimweg durch Luxemburg, unweit von Echternach, erschien ihm ein Engel und sprach zu ihm: „Martin, mit Recht verurteilen Dich Gewissensbisse; allein, es gab für Dich keinen anderen Ausweg. Fasse wieder Mut, werde wieder fest, sonst kommt nicht Deine Ehre, sondern Dein Seelenheil in Gefahr." Martin mied fortan die Gemeinschaft mit den Bischöfen, die die Hinrichtung von Priscillian veranlaßt hatten, und nahm an keiner Synode mehr teil. Durch diese Protest brachte er die gleiche Haltung zum Ausdruck, die er damals gezeigt hatte, als er vor dem Kaiser aus dem Heeresdienst ausschied. Protest ist eine Form christlichen Lebens, zumal, wenn sie Zivilcourage erfordert.

Überlegt:

Wo gibt es Intoleranz gegen Andersdenkende?
Wer tritt für mehr Toleranz heute ein?
Kennt Ihr amnesty international oder andere Gruppen, die für Menschenrechte eintreten?
Wo arbeiten sie?
Wo habe ich bisher geschwiegen und sollte doch reden?

5. *Impulstexte*

Ein Kahn kann nicht fahren, wenn ein Tau ihn noch ans Ufer bindet.
Ein Fesselballon kann sich nicht erheben, wenn ein einziges Seil ihn am Boden hält.
Der Mensch kann nicht frei sein, wenn er sich an Besitz, an Macht, an Herrschaft bindet.

Das größte Problem des Raumschiffes Erde sind seine Erster-Klasse-Passagiere.

Wir haben heute Religion, aber keinen Glauben;
Geschwindigkeit, aber keine Richtung;
Leidenschaft, aber kein Mitleid;
mehr Wissen, aber nicht mehr Weisheit.
Jeder wirtschaftliche Fortschritt
bringt neues moralisches Leiden.
In Ihrem wissenschaftlichen Übereifer haben Sie uns bis zur Landung auf dem Mond gebracht, aber noch nie waren die Menschen weiter von einander entfernt als heute.

Dr. Gopal Singh, indischer Schriftsteller, 1984 in Vancouver

Es war einmal ein Känguruh, so ziemlich genau in der Mitte des letzten Erdteils, das hatte einen herrlichen Beutel. Das ist ja auch sehr praktisch, weil man alles am eigenen Leibe tragen kann. Und weil das Leben zuweilen lang ist, braucht man auch viel.
Es war also einmal ein Känguruh, so ziemlich genau in der Mitte des letzten Erdteils, das hatte einen herrlichen Beutel. Es hatte auch schon viel drin; denn beim Einkaufen konnte es gar nicht genug kriegen.
Was hatte es alles gesammelt:
Edelsteine und andern Schmuck, Porzellan, Bücher, Bilder, Uhren und auch einen Bumerang, weil man den ja in Australien braucht.
Die anderen Känguruhs machten sich mittlerweile schon lustig über dieses eine, und es gab genug kluge Stimmen, die sagten: Das wird ein schlimmes Ende nehmen. Denn wer sich überbeutelt, darf sich über die Folgen nicht beschweren.
Eines Tages ging das Känguruh mit vollem Beutel stolz durch die Straßen der Stadt, so daß jedermann sehen konnte, wie es vorne am Bauch hin und her schwappte. Man muß ja zeigen, was man hat.
Zu allem Überfluß betrat es ein großes Kaufhaus und konnte dem Trieb, neue Sachen zu erstehen, nicht widerstehen. Es kaufte einen geheizten BH, karierten Nagellack, eine Verzierung für Klobürsten und ein Portrait von Roy Black; also richtig lebensnotwendige Sachen. Da brach eine Feuersbrunst im Kaufhaus aus.
Alle konnten sich retten, nur das Känguruh nicht, weil der volle Beutel den rettenden Sprung verhinderte.
Moral: Nicht nur in Australien wird manches zum Bumerang.

Peter Spangenberg

Zweiter Brief an das Volk Gottes

Kalkutta-Chittagong, 1. Dezember 1976

In Asien sind wir in der Gewißheit bestärkt worden, daß die Wunden, die die Menschheit zerreißen, geheilt werden können. Diese Überzeugung möchten wir unmittelbar allen mitteilen, die der Meinung sind, daß sie innerhalb ihres Engagements, die Welt menschlicher zu gestalten, alle ihre Möglichkeiten vergeblich zum Einsatz gebracht haben.
Wir sind mit dem Bewußtsein hierhergekommen, daß viele Menschen die Erfahrung der Ohnmacht und der Erschöpfung mit sich tragen: die einen geben auf und resignieren, die anderen fallen in die Gewalttätigkeit derer, die ohne Hoffnung sind.
Mit einer Entdeckung reisen wir von hier wieder ab: die überraschende Lebenskraft eines Volkes inmitten tiefsten Elends. Wir haben Zeugen einer anderen Zukunft für uns alle getroffen.

Das Miteinanderteilen wird dich auch dazu führen, deine eigenen Wohnverhältnisse zu ändern.
Mache deine Wohnräume zu einem Ort, an dem andere immer willkommen sind, zu einem Haus des Friedens und des gegenseitigen Verzeihens. Vereinfache deine Wohnung, aber fordere deshalb das Gleiche nicht auch von alten Leuten, deren Zimmer voller Erinnerungsstücke sind ... Im hohen Alter eröffnen sich Einsichten über Gott, die Jüngeren weiterhelfen.
Du hast Nachbarn im Treppenhaus, im Wohnviertel. Nimm dir Zeit, immer wieder auf sie zuzugehen und mit ihnen Verbindungen zu knüpfen. Du wirst dabei oft auf große Einsamkeit stoßen und feststellen, daß die Grenze der Ungerechtigkeit nicht nur zwischen Kontinenten, sondern nur einige hundert Meter von deiner Wohnung entfernt verläuft.
Lade andere zum Essen ein. Das Fest wird eher bei einem einfachen als bei einem übertriebenen Mahl entstehen.

Das Miteinanderteilen schließt die ganze Menschheitsfamilie ein. Es ist unerläßlich, gemeinsam zu kämpfen, um die Güter der Erde neu aufzuteilen. Eine Neuverteilung des Reichtums erfordert nicht nur, daß die Industrieländer ihren Überfluß abgeben. Strukturen, die die internationale Ungerechtigkeit aufrechterhalten, müssen um jeden Preis geändert werden. Maßstab sind die tatsächlichen Bedürfnisse aller Menschen bis hin zu den Allergeringsten, und nicht die Befriedigung der Bedürfnisse der westlich orientierten Menschen.

Roger Schutz und seine Begleiter aus Taizé

Nichts ist schwerer
und nichts erfordert mehr Charakter,
als sich in offenem Gegensatz
zu seiner Zeit zu befinden
und laut zu sagen: Nein.

Kurt Tucholsky

Das Wesentliche an der Enthaltsamkeit
ist nicht der Verzicht auf Lust,
sondern die Ausrichtung auf ein Ziel.
Ohne dies verfällt sie zwangsläufig
der Lächerlichkeit.

Dietrich Bonhoeffer

WAS TUST DU ...

sage mir nicht
daß es auf der welt krieg gibt.

sage mir nicht
daß menschen vor hunger umkommen.

sage mir nicht
daß menschen aus haß morden.

sage mir nicht
daß menschen unterdrückt
und gehetzt werden.

sage mir

WAS TUST DU ...

2. Christ kann man nicht alleine sein

Weggefährten

Junge Menschen brauchen heute Mitmenschen,
die ein Stück Weg mit ihnen gehen,
die zuhören und antworten –
wie seinerzeit auf dem Weg nach Emmaus:
dann fällt es wie Schuppen von ihren Augen
und sie erkennen IHN.

Vorüberlegungen

Was ein Christ ist, wie ein Christ lebt, lernt man am ehesten von anderen Christen. Das „Vater unser" – es heißt nicht „Mein Vater" – erinnert daran, daß es von mehreren Gläubigen gemeinsam gesprochen werden soll. Die Botschaft der Bibel verstehe ich als einzelner oft nicht richtig (ich überhöre gern, was aus dem Alltagstrott zur Umkehr rufen will). Um gegen den Strom des „Man-tut" zu schwimmen, braucht es das Beispiel und die Ermutigung durch andere, die Gemeinschaft der Glaubenden und Hoffenden und Liebenden. Die Kraft der Sakramente, der gottgewollten Heilsgaben, gibt es nur in der Gemeinde Jesu: „Zum Gottesdienst kommen die Christen zusammen, um die Botschaft Jesu Christi immer besser zu begreifen und von ihr durch seinen Geist ergriffen zu werden." Sie versammeln sich, um ihre Dankbarkeit gemeinsam auszudrücken, aber auch ihre Schuld und ihr Versagen zu bekennen. Sie können nicht aufhören, von ihrer Hoffnung zu singen und zu träumen ..." (Synodenbeschluß Gottesdienst)
Man kann an der Kirche, so wie sie ist, leiden. Viele tun es und versuchen ohne Kirche christlich zu leben. Ob das auf Dauer möglich ist? Was in der Bibel über christliches Leben und Kirche geschrieben steht, spricht eigentlich dagegen: „Man kann die Kirche nie verlassen, ohne im selben Maße auch das zu verlieren, was man vorgibt, retten zu wollen" (Karl Rahner). Papst Johannes Paul I. empfiehlt einen anderen, bibelgemäßen Weg: „Versuchen wir, die Kirche dadurch besser zu machen, daß wir besser werden. Jeder von uns und die ganze Kirche können das Gebet sprechen, das ich gewohnt bin zu sprechen:
„Herr, nimm mich wie ich bin,
mit meinen Fehlern, mit meinen Schwächen,
aber mach mich, wie Du willst."

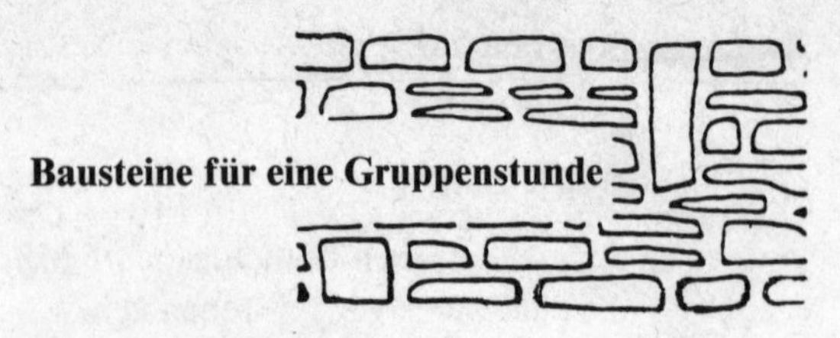

1. Textimpuls: Was geht mein Glaube die Kirche an?

Lieber Martin,
unlängst hast Du mich gefragt, was geht mein Glaube die Kirche an. Ich vermute, daß Du mit „mein Glaube“ Dein Verhältnis zu Jesus Christus meinst und die Konsequenzen, die das für Dein Leben hat:

- Du suchst bei Jesus Orientierung für Dein Leben,
- Du vertraust seiner Zusage, daß das Leben der Menschen, also auch Dein Leben, schlußendlich glücken wird;
- Du versuchst, die Mitmenschen zu lieben;
- Du bemühst Dich, zu Gott zu beten, wie Jesus es getan hat.

Vielleicht würdest Du dies oder jenes anders ausdrücken, aber wenn „Dein Glaube“ ungefähr so aussieht, steht er in Übereinstimmung mit dem, was die Christen von Jesus wissen, ist es christlicher Glaube. Das glaubst nicht nur Du, das glauben Millionen von Menschen überall auf der Erde auch. Sie alle bilden zusammen eine Gemeinschaft von Glaubenden, die Kirche. Dein Glaube ist nicht allein Dein Glaube, sondern der Glaube vieler, der Glaube der Kirche. Überspitzt kann man sagen: ein Christ ist kein Christ; Christsein kann man nur zusammen mit anderen Christen.
Es gibt viele Leute, die meinen, ihr Verhältnis zu Gott sei etwas rein Privates, das gehe niemanden etwas an. Und sie berufen sich dabei auf Jesus, der den Rat gegeben hat: Wenn du beten willst, dann geh in dein Kämmerlein, schließ die Tür und bete zu deinem Vater im Verborgenen (vgl. Mt 6,5). Im Satz zuvor hatte Jesus davor gewarnt, den Glaube zur Schau zu stellen, wie das die Pharisäer taten. Im Zusammenhang mit diesem Satz bekommt der Rat Jesu ein anderes Gesicht als wenn man ihn losgelöst sieht. Er steht dann nicht mehr im Widerspruch zu den vielen anderen Jesusworten, die deutlich machen, daß der Glaube gelebt wird in Beziehung zu anderen, z. B. „Wo zwei oder drei in meinem Namen zusammen sind, da bin ich mitten unter ihnen.“ (Mt 18,20)
Eine andere Überlegung: Jesus hat gehandelt und gesprochen, aber nicht geschrieben. Seine Worte und Taten kennen wir nur, weil glaubende Menschen sie für Glaubende aufgeschrieben haben. So ist die Bibel entstanden; und sie wird in der Gemeinschaft der Glaubenden weitergegeben und erklärt. Weil Jesus um die Schwächen der Menschen, die die Kirche bilden, weiß, hat er der Kirche insgesamt seinen Geist als Beistand gegeben, damit sie in der Wahrheit bleibt (vgl. Joh 16,7–14)
Jeder neigt dazu, sich ein Weltbild zu zimmern, in dem er sich wohlfühlt. In der Kirche wird er immer wieder mit der Botschaft Jesu konfrontiert, und es wird ihm schmerzlich bewußt, daß Gott mehr von ihm verlangt. Diese Korrektur ist notwendig, wenn der Glaube nicht als Privatsache völlig belanglos werden soll – ein unbestimmtes Gefühl!
Unseren Glauben verdanken wir anderen – Gott und Menschen um uns herum, die ihn glaub-würdig leben. Und andere Mitmenschen beurteilen Glaube und Kirche nach unserem Verhalten. Sind das alles nicht viele Gründe, die für die enge Verbindung von Kirche und Glauben sprechen?
Auf Deinen Antwortbrief bin ich gespannt. *Dein Hans-Georg*

Impulsfragen zum Gespräch:

- Formuliert mit eigenen Worten die wichtigsten Aussagen des christlichen Glaubens.
- Warum kann man sagen: *Ein* Christ ist *kein* Christ?
- Welchen Dienst leistet die Kirche den einzelnen Gläubigen (vielleicht auch den „Ungläubigen")?
- Wodurch macht es die Kirche Euch schwer, mit und in der Kirche an Jesus zu glauben?

2. Anspiel „Klaus ist gefragt"

Es klingelt bei Neumanns:

Frau N.: „Ach, das wird der Herr Pfarrer sein, der wollte uns heute abend besuchen".

Herr N.: „Wieso? Was will er denn von uns?"

Klaus: „Ich mach schon auf".

Frau N.: „Es geht um die Firmung von Klaus".

Herr N.: „Warum hast Du mir davon nicht früher was gesagt? Du weißt, ich will das nicht. Und ich will nicht, daß der Pfarrer zu uns ins Haus kommt. Was denken denn die Leute!"

Frau N.: „Guten Abend, Herr Pfarrer. Es ist gut, daß Sie zu uns kommen. Aber mein Mann ist sehr abgespannt heute abend."

Herr N.: „N'Abend"

Pfarrer: „Ich freue mich, daß ich die ganze Familie antreffe. Vor allem auch Klaus, um den es geht und den ich schon lange nicht mehr in der Kirche gesehen habe."

Klaus: „Ach, wissen Sie, Herr Pfarrer, es gibt so viele Dinge, die sind interessanter. Immer so langweilige Lieder und immer dasselbe. Da ist die Gruppenstunde bei den Jungen Pionieren echt interessanter. Aber auch nicht immer; manchmal geht es da zu wie in Ihren Glaubensstunden."

Frau N.: „Ich schicke den Klaus ja zur Kirche, aber mein Mann unterstützt mich dabei nicht. Er meint, es wäre besser, wenn Klaus sich gesellschaftlich betätigt."

Herr N.: „Ist es auch. Was hat er denn davon, wenn er wie Du zur Kirche rennt? In der Schule wird er deshalb schief angesehen, von den Lehrern und vom Gruppenleiter unter Druck gesetzt. Jetzt soll er auch noch gefirmt werden. Kommt nicht in Frage. Nein, er soll zur Jugendweihe gehen und dann in die Vorbereitungsklasse der Erweiterten Oberschule kommen können. Dazu ist die politische Haltung bekanntlich Voraussetzung."

Pfarrer: „Sie wissen, wie sehr wir gegen die Diskriminierung der Christen in unserer Republik angehen. Erst unlängst hat der Kardinal dagegen Beschwerde beim Vorsitzenden des Staatsrates eingelegt. Je weniger Katholiken dem Druck nachgeben, um so größer ist die Chance, daß wir nicht als Bürger 2. Klasse behandelt werden."

Herr N.: „Das paßt in Ihr kirchenpolitisches Konzept. Aber bitte nicht auf dem Rücken meines Sohnes. Klaus soll es einmal weiterbringen als ich. Und das ist in unserem Staat halt nur möglich, wenn er nicht im Verdacht steht, ein Abweichler zu sein. Deshalb geht er mir nicht mehr zur Kirche und erst recht nicht zur Firmung. Basta."

Frau N.: „Aber Vater, du weißt doch, daß wir immer Christen waren in unserer Familie, und wir haben Klaus und Susanne doch auch taufen lassen. Denk daran, wie schön es am Weißen Sonntag war! Und die Verfassung gesteht es uns doch auch zu, Christen im sozialistischen Staat zu sein. Ich hätte es doch lieber, wenn Klaus gefirmt würde."

Herr N.: „Mich interessiert nur, was Fakt ist. Und es ist nun einmal so, daß die politische Überzeugung bei uns wichtiger ist als Firm sein im Glauben, wenn man weiterkommen will. Also halten wir uns daran."

Soweit die Szene. Auffällig ist, daß Klaus, 14 Jahre jung, kaum zu Wort gekommen ist. Schließlich geht es ja um seine Firmung, um seinen Glauben, um seine Zukunft.

Gesprächsimpuls:

In welchem Land spielt diese Geschichte?
Überlegt, wie sich Klaus wohl entscheidet. Versetzt Euch in seine Lage.
Vergleicht seine Situation in der DDR mit eurer eigenen: Wo gibt es Gemeinsamkeiten, wo Unterschiede?
Wie steht Ihr heute zu Eurer Firmung?

3. *Fotosprache: Mein Bild von der Kirche.*

Der Gruppenleiter breitet auf dem Tisch eine Anzahl von Fotos aus: Kalenderblätter, Aufnahmen aus Zeitschriften und Illustrierten, Einzelfotos, Schnappschüsse, Portraits, Landschaftsaufnahmen, Kunstwerke von Malern und Baumeistern ... Wichtig ist nur, daß die Bilder auf den ersten Blick nichts mit „Kirche" zu tun haben.
Jeder sucht sich dann in Ruhe und Stille ein Bild aus, das für ihn Kirche bedeutet. Später begründet jeder, warum er gerade dieses Bild gewählt hat, obwohl auf keinem Bild etwas typisch Kirchliches zu sehen ist.

Ich habe das Bild mit dem Kran ausgewählt. Da ich in einem Baubetrieb arbeite, hat es mich besonders angesprochen. Ein Haus kann nicht gebaut werden, wenn keine festen Fundamente da sind. Für mich ist die Kirche das Fundament, auf dem mein Leben aufgebaut ist. Aber es muß immer weiter daran gearbeitet werden. Der Bau wird wohl niemals fertig.

Zum Beispiel das Foto eines Reisfeldes. Drei Menschen, vielleicht Vietnamesen, an der Arbeit.
Ich habe es ausgewählt, weil ich für mich dabei eine Beziehung zur Kirche entdecke. Die Pflanzen auf dem Bild stehen im Wasser. Für mich ist Kirche das Wasser, der Nährboden, in dem die Pflanze Glauben wachsen und gedeihen kann.

Die Kirche ist mir Mutter, ich verdanke ihr viel. (Glaube, der dem Leben Sinn gibt). Aber sie teilt das Schicksal der Eltern: weil sie mich nicht als erwachsen ansehen können, bin ich oft traurig – verärgert über sie.

Ein Bild zeigt eine alte Frau, die betet; wahrscheinlich in einer Kirche. Kirche ist für mich unlöslich mit Gebet verbunden. Manchmal kann ich nicht beten. Aber wenn ich die Frau hier auf dem Bild betrachte, dann denke ich mir, daß sie beten kann, daß sie vielleicht auch für mich betet.

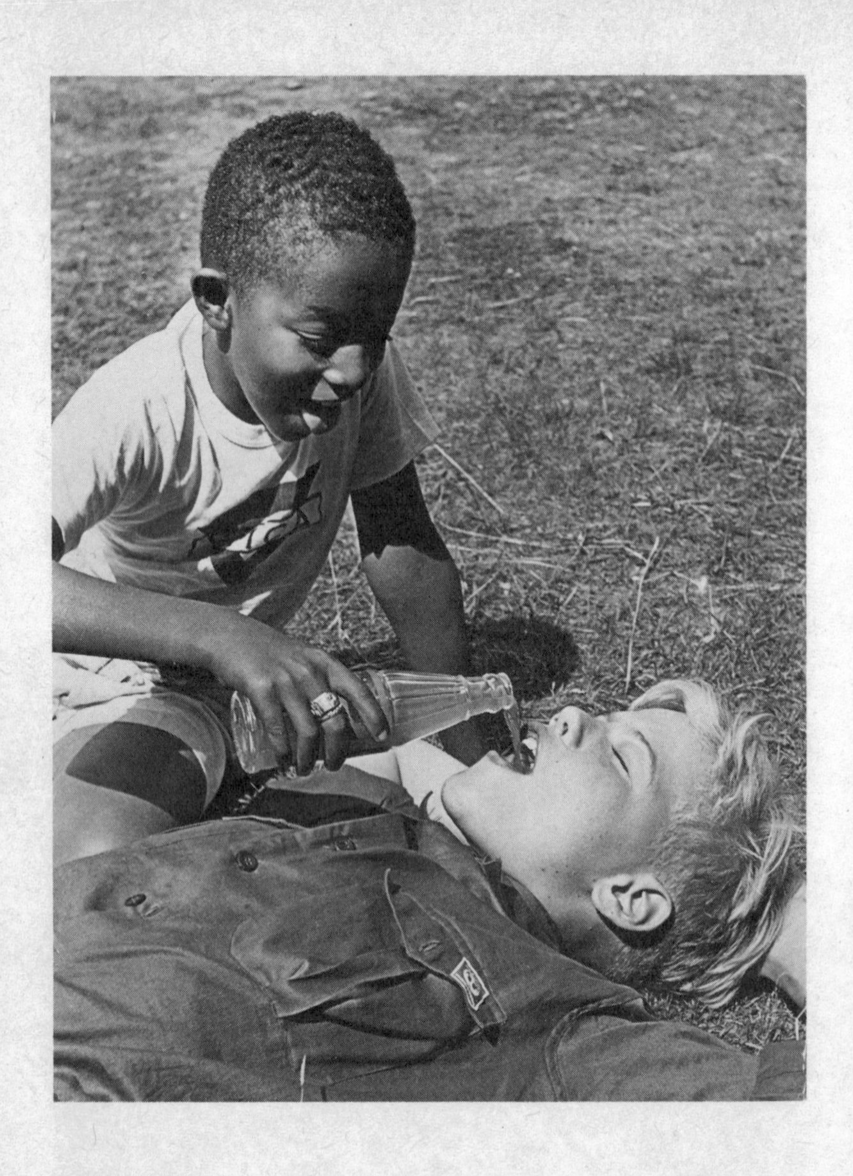

Ein schwarzer Junge teilt sein Getränk mit einem weißen: ein Traum von brüderlich-schwesterlicher Kirche, in der rassische und kulturelle Gegensätze überbrückt sind! Aus der Kirche der sog. Dritten Welt kommen in letzter Zeit Impulse, die unsere Art zu glauben bereichern können (z. B. Basisgemeinden, kultischer Tanz, Meditation ...)

Meist sieht man nur den irdischen Teil eines Baumes. Die Wurzeln reichen in die Erde hinein und sind in ihr verborgen. Wie vielfältig, wie notwendig sind die Wurzeln des Baumes – wie notwendig, wie vielfältig das Verwurzeltsein der Kirche in der Bibel *und* im Lebensraum der Völker und der einzelnen Christen.

Papst Johannes XXIII. träumte von einem Frühling der Kirche – und berief ein Konzil ein. Das war vor 25 Jahren. Derzeit erleben wir „Winter“ in der Kirche des Abendlandes. Ein Hauch von neuem Leben bringt der Südwind zu uns herüber. Ob die Lärche wieder grün wird, ob der Flieder noch einmal erblüht?

Ein anderes Foto zeigt eine alte Frau mit ihrem Enkelkind. Kirche, das ist für mich diese uralte Frau, die das Leben kennt, die sich selbst nichts mehr vormacht und die auch anderen nichts vormacht. Sie ist einfach da. Zu ihr kann man immer wieder gehen. Von ihr wird man immer angesprochen, auch wenn man Blödsinn angestellt hat.

4. Metaphern und Bilder

Metaphermeditation: Kirche ist für mich wie ...

ein Zufluchtsort,
die Gemeinschaft, in der man an das Gute
im Menschen glaubt.

Kirche gibt mir Kraft, Halt, Geborgensein; ich fühle mich wie ein kleines Ästchen in der großen Krone eines Baumes. Wenn es stürmt, wird auch das kleine Ästchen mitbewegt; ebenso wie es auch die „Ruhe“ mit den anderen kleinen Ästchen wohltuend erlebt.

Ich suche mehr Antlitz in der Kirche.

Ich glaube nicht an die Kirche;
ich glaube an den Herrn der Kirche!

Kirche ist für mich das Salz in der Suppe –
notwendig, aber nicht immer richtig dosiert.

Alternative:

Mit einem selbstgemalten Bild drücken die Gruppenmitglieder aus, wie sie die Kirche sehen: So malten Jugendliche einmal

- eine gebrochene Lanze (ohne Saft und Kraft),
- einen Ameisenhaufen (Durcheinander von Aufbauen und Abbauen),
- einen Vulkan, der nach außen nichts ahnen läßt von dem Feuer, das innen brennt,
- ein Kreuz mit Dollarzeichen, mit Geierfüßen im Geld,
- ein Magnet, der Menschen anzieht,
- eine Mitra, aus der Blitze zucken,
- eine Uhr, die 5 vor 12 zeigt ...

Was ist Deine Meinung von der Kirche?
Wie bist Du zu dieser Meinung gekommen?
Wo und wie hast Du Kirche bisher erlebt?
Waren diese Erfahrungen positiv/negativ?
Nenne Einzelbeispiele!
Wie müßte „Kirche“ werden, damit Du gern deren Mitglied sein möchtest?

Diese Methoden dienen dazu, die eigene Meinung zu äußern und im Gespräch mit den anderen weiter zu klären. Der Gruppenleiter soll seine Meinung genauso einbringen wie die Mitglieder, auf keinen Fall sollte er versuchen, deren Meinung zu korrigieren oder sonstwie inhaltlich einzugreifen.
Am Ende der Gruppenstunde könnten die Fragen eines nachdenklichen Christen stehen.

Fragen eines nachdenklichen Christen

Wer gab mir den Glauben,
daß mein Leben trotz allem geborgen ist in Gott?
Meine Eltern vertrauen darauf (oder nicht?),
meine Großeltern und deren Eltern.
Wer hat es ihnen gesagt,
so daß sie glauben konnten
trotz des Unsinns der Kriege,
des Sterbens von Kindern und Eltern?
Der Pfarrer, der glaubwürdig verkündete,
Nachbarn, die den gleichen Glauben lebten,
der Lehrer in der Schule ...
Wer vermittelte ihnen den Glauben?
Der Papst glaubt - wem verdankt er seinen festen Glauben?
Den Eltern, Priestern, Glaubenden - der Gemeinschaft der Glaubenden.
Karl Lwanga, Page in Uganda, stirbt für seinen Glauben
wie achtzehnhundert Jahre zuvor Petrus und Paulus.
Woher kommt ihr Glaube?
Vom Hören, vom Lesen, vom Sehen!
Franziskus entdeckt die Nachfolge Jesu in der Armut neu,
sein Vater hält ihn für verrückt.
Wieso glaubt er, wieso Charles de Foucauld, wieso Maximilian Kolbe?
Das Wissen von Jesus,
der Gott kennt wie sonst niemand, weil er sein Sohn ist,
geht von Mund zu Mund;
die Taten der Christen künden von ihm - wie die Bibel.
So viele Zeugen - und nun ich.
Endet hier die Kette?
Oder lebe ich mein Leben aus dem Glauben
mit anderen Gläubigen?
Reiche ich die Fackel weiter,
damit es nicht durch mich dunkler wird in der Welt?
Wo gäbe es mehr Licht!

4. Standpunkt - Spiel

Auf einer Styroporplatte (oder Flanelltafel, Magnettafel, Tapetenbahn) bringt jeder Teilnehmer zwei Symbole für Glaube und Kirche (z. B. Kreuz und Kirchengebäude) so an, daß man sie enger zueinander oder weiter auseinander bringen kann.

- Könnt Ihr mit diesen Zeichen etwas anfangen?
- Was lösen diese Zeichen bei Euch aus?

Die beiden Symbole „Kirche" und „mein Glaube" stehen in Beziehung zueinander. Aber diese Beziehung kann enger oder weiter sein. Der Papst z. B. würde sein Symbol für Glaube ganz dicht an das Symbol Kirche heranbringen. Wo werdet Ihr Euer Zeichen für Glaube hinsetzen?

Impulse zum Gruppengespräch:

- Welchen Abstand habe ich eben gewählt?
- Was drückt dieser Abstand aus?
- Ist die Position ehrlich?
- Oder habe ich dem Gruppendruck nachgegeben?
- Hätte ich am liebsten keine Stellung bezogen?
- Warum fiel es mir schwer, Standpunkt zu beziehen?
- Sind Glaube und Kirche zwei fertige Größen, kann man sie überhaupt in so starre Beziehung zueinander bringen?

- Sehe ich mich als einen, der glaubt?
- Wie äußert sich das?
- Beeinflußt der Glaube meine Entscheidungen?
- Ist der Glaube für mich eine Last, eine Zumutung, ein Rätsel, eine Kraftquelle?
- Durch welche Erfahrungen wurde mein Glaube geprägt (durch meine Eltern, Bekanntschaft mit Geistlichen, Diskussionen mit Gleichaltrigen ...)?
- Wo habe ich Schwierigkeiten mit dem Glauben?

- Was bedeutet mir die Kirche?
- Welche Erfahrungen mit der Kirche habe ich gemacht?
- Welche Gefühle werden bei mir angesprochen?
- Was ärgert mich an der Kirche?
- Was finde ich gut an der Kirche?
- Was hat mein Glaube mit der Kirche zu tun?

Das Gespräch über den ein oder anderen Anstoß kann man abschließen mit einer „Meditation vor der Standpunktwand".

Meditation vor der Standpunktwand

Was hat sich abgespielt?
Ich wurde vor eine Aufgabe gestellt
ich wurde herausgefordert
ich habe gezögert
ich habe die anderen beobachtet
ich wurde von anderen beobachtet
ich wollte nicht den ersten Schritt tun
ich habe hin und her überlegt
ich habe mich schwer getan
mein Verhältnis zu Kirche und Glaube läßt sich kaum in Entfernungen ausdrücken
schließlich habe ich doch den Kreis irgendwo hingesetzt
dabei habe ich mich unwohl gefühlt
was bedeutet diese Position?
sollte ich den Platz nicht doch wieder verändern?
plötzlich entdecke ich, daß es den anderen auch so geht
was bedeutet eigentlich Nähe zu etwas?
wie schwer fällt mir Distanz, Abstand?
komisch, vorher glaubte ich, meine Einstellung zu Glaube – Kirche sei abgeklärt
jetzt entdecke ich, daß meine Position auch die anderen berührt
sollte mein Verhältnis zu Glaube–Kirche von anderen abhängig sein?
aber das sind je zwei verschiedene Dinge
und Glaube und Kirche sind auch nicht dasselbe.
Ich weiß eigentlich noch nicht, wo ich stehe.

Pause

Uns geht es wie Abraham.
Was er hat und was ihm bleibt, das ist der Weg.
Und der Glaube an die Verheißung.
Auch für uns heißt glauben: Unterwegs sein mit einer Verheißung:
Du bist nicht allein, andere gehen den gleichen Weg.
Und unerkannt geht ER mit.
Kirche, das ist: Volk Gottes unterwegs.

Der Vorschlag zu dieser Gruppenstunde geht zurück auf eine Anregung von P. Thomas vom Bischöfl. Jugendamt Regensburg

5. Kirche konkret – unsere Gemeinde

Aufgabe dieser Einheit ist es, sensibel zu werden für die Menschen und ihre Probleme und ihre Erwartungen, und zu sehen, welche Menschen im Sinne Jesu sich um Mitmenschen in körperlicher oder seelischer Not kümmern.

Man könnte z. B. einmal den Stadtplan meditieren. Allein oder an die Wand projiziert mit der Gruppe oder mit der ganzen Gemeinde in der Kirche, mit einem Fragezeichen darauf gemalt oder gedacht oder ausgesprochen: Wer wohnt hier? Was sind die Probleme unserer Gemeinde? Wo wohnen Kranke, Arbeitslose, Behinderte, Menschen, deren Lebenspartner gerade gestorben ist, Kinder, deren Mütter berufstätig sein müssen? Wer hat hier Verantwortung? Wer hilft mit? Welche Einrichtungen gibt es in unserer Gemeinde, im Raum unserer Gemeinde, die für Menschen da sind?

Man könnte auch einmal mit der Gruppe einen Gang durch die Pfarrei machen. Dabei meditieren: Welche Leute begegnen mir? Hinter all diesen Fenstern wohnen Menschen. Welche kenne ich? Was machen sie? Wieviele gibt es, die ich nie kennenlerne, obwohl sie in der gleichen Pfarrei wohnen? Wieviele Probleme werde ich nie erfahren? Buchstäblich, ich gehe vorbei; ich lausche meinen eigenen Schritten. Die verlorenen, späten Geräusche, wenn es Nacht ist. Oder der Lärm der Stimmen und Motoren auf der Straße am Tag. Man kann im Gehen etwas vor sich hin summen; ein Lied, ein Gebet.

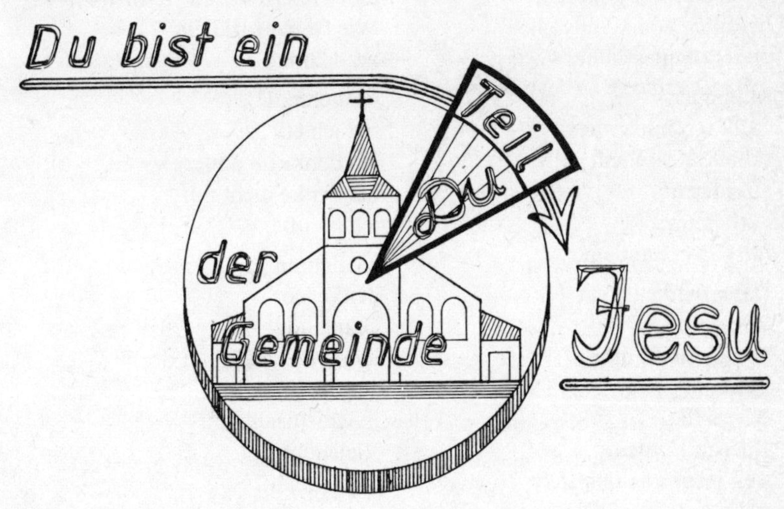

Die Kirche wird unglaubwürdig,
- wenn Du Dich nicht von der Wegwerf-Gesellschaft unterscheidest
- wenn Du den ausländischen Nachbarn in der Schule hängenläßt
- wenn Du lügst, stiehlst, fluchst,
- wenn Du nur an Dich denkst ...

Wenn Du im Gottesdienst fehlst
- vermissen die alten Leute die Jugend
- fehlt Deine Stimme beim Gotteslob
- verzichtest Du auf die Chance, ein Wort der Umkehr oder der Hoffnung zu hören
- verfehlst Du Jesus im Wort, im Sakrament, in der brüderlichen Gemeinschaft.

6. Impulstexte

Daß Glauben geht und wie Glauben geht,
ist nur am Beispiel anschaubar –
und an diesem Beispiel ist auch anschaubar,
daß gelebter Glaube mehr und nicht weniger
zur Welt und zur Gegenwart befähigt als Resignation,
Pragmatismus oder Ideologie.

Bischof Klaus Hemmerle

Manchmal
fühle ich mich wohl –
umgeben von anderen,
getragen von Wohlwollen,
angenommen in der Gruppe.

Manchmal
fühle ich mich mies –
schief angesehen,
ausgelacht,
zurückgesetzt,
falsch verstanden.

Dann denke ich:
Gemeinde –
ob das etwas mit
„gemein"
zu tun hat?
Oder mit „mein",
weil jeder nur sich sieht?

Manchmal
ist es gar nicht so schlimm:
dann feiern wir Gottesdienst.
Wir feiern wirklich,
manchmal.

Manchmal
tue ich etwas:
ich denke an andere –
ich denke nicht nur,
ich handle.

Manchmal
denke ich:
Gemeinde –
hängt das vielleicht doch
zusammen mit
„Gemeinschaft"?
Vielleicht.
Manchmal.

Wir sollten uns mit ganzer Kraft bemühen, die Kirche liebenswert und anziehend zu machen. Gerade deshalb müssen wir alles vermeiden, was die Liebe des Herrn in ihr unnötig undeutlich erscheinen läßt. Es gibt aber auch eine Lüge der Unterlassung, wenn wir nämlich nicht bezeugen, daß uns die Freude der Gotteskindschaft von ihr, unserer Mutter, übermittelt wurde.

Madeleine Delbrêl

Kennst du den Unterschied zwischen dem See Genezareth und dem Toten Meer? Der See empfängt viel Wasser aus den zuströmenden Flüssen und gibt es weiter an den Jordan. An seinen Ufern grünt es und blüht es; der See ist voll von Fischen.
Das Tote Meer nimmt den Jordan-Strom auf. Es gibt aber kein Wasser ab. So hält sich in der Salzflut dieses Meeres kein Leben.

Text: aus China
Musik: Chris Herbring
Rechte: Chris Herbring Musikverlag, 4040 Neuss

3. Kirche als Erzähl- und Glaubensgemeinschaft

Clemens von Alexandrien
wurde einmal gefragt,
was er tut, wenn er
einen Menschen zum christlichen Glauben
hinführen will.
Er antwortete:
„Ich lasse ihn ein Jahr
in meinem Hause wohnen."

Vorüberlegungen

Gerade junge Christen leiden darunter, daß sie in ihren Gemeinden so wenig Gemeinschaft erleben. Aber in der Jugendgruppe, auch bei Erwachsenen, die das Gespräch mit den Heranwachsenden suchen und pflegen, in Gottesdiensten, die von Gruppen vorbereitet und in Gruppen gefeiert werden – da spürt man etwas von der Kirche als einer Glaubens- und Erzählgemeinschaft. Einander das Leben erzählen! Einander erzählen, wie ich als Christ in meiner Familie, in Schule und Beruf, im Freundeskreis und im gesellschaftlichen Bereich lebe; frohe und leidvolle Lebenssituationen mit-teilen.
Die Jugendarbeit einer Gemeinde kann Begegnungen unter Gleichaltrigen wie zwischen den Generationen ermöglichen, indem solches Erzählen möglich wird, und sie kann gerade junge Menschen befähigen und ermuntern, Lebens- und Glaubensgeschichten zu erzählen. So ist einmal die Bibel entstanden. Gerade im Gespräch über und mit der Bibel können wir wieder lernen, Glauben und Leben miteinander in Beziehung zu bringen, indem wir teilnehmen an den Glaubenserfahrungen der Menschen, die Jesus von Nazareth begegnet sind. Bei solchen Gesprächen, wo das alltägliche Leben zur Sprache kommt und manchmal Deutung aus dem Glauben der Gesprächsteilnehmer findet, wird deutlich, wie der Glaube hilft, daß Leben gelingt.

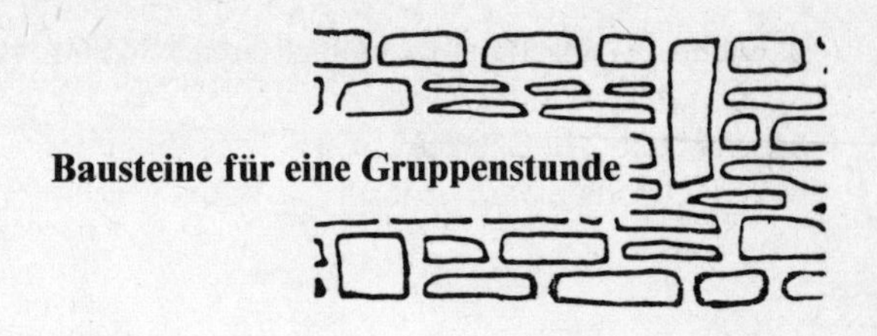

1. Textimpuls: Die Kirche – eine Erzählgemeinschaft

Eine Mutter erzählt:
Im Kindergarten erzählt die Erzieherin die Geschichte vom Sturm auf dem Meer. Unser Jörg ist von dieser biblischen Geschichte stark beeindruckt; immer wieder erzählt er seinen Eltern von der Angst der Jünger und der Macht Jesu. Seine eigene Angst und Ängstlichkeit findet einen „Halt". Diese Geschichte „sitzt", andere sind längst vergessen: ein erster Schritt vom Hören zum Glauben.
Vorbereitungstreffen von Müttern, die Gruppen von Jugendlichen auf die Firmung vorbereiten. Die Gemeindeassistentin ermuntert die Frauen, in der Art des „Bibel teilen" einander zu erzählen, welche Worte oder Sätze der Emmausgeschichte ihnen wichtig sind. Und alle erzählen von sich, ihrem Leben und Glauben. Was eine Italienerin da von ihrer Art zu beten berichtet, wirkt auf die anderen Frauen nachhaltiger als jede Predigt.

Der evangelische Theologe Helmut Thielicke berichtet:
„Ich habe einmal, kniend im Steppensand, mit einigen Hereros in Südwestafrika das Mahl des Herrn gefeiert. Keiner verstand auch nur einen Laut von der Sprache des anderen. Aber als ich mit der Hand das Kreuzeszeichen machte und den Namen „Jesus" aussprach, strahlten ihre dunklen Gesichter auf.
Wir aßen dasselbe Brot und tranken aus demselben Kelch, und sie wußten nicht, was sie mir alles an Liebe erweisen sollten. Wir hatten uns nie gesehen. Soziale und geographische und kulturelle Grenzen standen zwischen uns. Und doch umschlossen uns Arme, die nicht von dieser Welt sind. Da fiel es mir wie Schuppen von den Augen, und ich begann die Pfingstgeschichte zu begreifen. Ich verstand das Wunder der Kirche."

Anregungen zum Gespräch:

Wo habt Ihr von anderen glauben gelernt?
Wo habt Ihr andere an Eurem Glauben teilnehmen lassen?

Glaubensgemeinschaft gibt es über Grenzen von Sprache und Kulturkreis hinweg: „Das Wunder der Kirche"!
Vielleicht habt Ihr Gelegenheit, so etwas ähnliches zu erleben, wenn Ihr an einem Gottesdienst orthodoxer Christen teilnehmt.

2. Schriftgespräch: Apg 10,1–11,18, Der Weg des Petrus

(Der Text wird mit verteilten Rollen gelesen).
Im Rundgespräch tauschen die Gruppenmitglieder Fragen und erste Einsichten aus.
Jeder malt den Weg des Petrus mit den Stationen Joppe, Caesarea, Jerusalem: Wer - was wirkt auf Petrus ein, welche Bewegungen entstehen?

Eine Untergruppe beschäftigt sich mit der Begegnung Petrus–Cornelius; eine andere mit dem Konflikt Jerusalemer Gemeinde–Petrus. Impulsfragen zu a) Petrus–Cornelius:
Was tut Petrus - was widerfährt ihm?
Wie verhält sich Petrus dem glaubenswilligen Cornelius gegenüber?
Was bedeutet die Begegnung mit Cornelius für seinen eigenen Glauben?
Sehen wir in Begegnung mit Menschen Gott als verborgenen Regisseur am Werk?

Impulsfragen zu b) Gemeinde–Petrus:
Welche Ängste bewegen die Jerusalemer Gemeinde?
Wie verhält sich Petrus der Gemeinde gegenüber?
Was bedeutet die Erfahrung, die Petrus in Caesarea gemacht hat, für die Gemeinde von Jerusalem?
Wie bewirkt Gott Veränderung in der Gemeinde - damals wie heute?

Zum besseren Verständnis der ausgewählten Schriftstelle:
Nach der Ermordung des Stephanus (Apg 8,1) verlassen die Heidenchristen (Heiden, die sich haben taufen lassen) und betreiben Verkündigung außerhalb Israels, z. B. in Antiochia (11,22). Von Antiochia aus gehen Barnabas und Saulus auf Missionsreise nach Kleinasien. Ihr Erfolg unter den Heiden beunruhigt die Jerusalemer Judenchristen (Christen, die als gebürtige Juden an ihrer Tradition festhalten). Das führt zum Apostelkonzil (Apg 15). Dort tritt Petrus für die Heidenmission ein, indem er auf die Zustimmung Gottes zur Taufe des heidnischen Hauptmanns Cornelius verweist (vgl. 15,7–9). Der Übergang der Christlichen Kirche vom Judentum zum Heidentum war, geschichtlich gesehen, eine Zerreißprobe für die

junge Kirche. Die Spannung zwischen „konservativ“ und „progressiv“ gibt es auch heute in der Kirche. Deshalb ist ein Blick auf das Verhalten des Petrus von Nutzen. Immer wieder erzählt er, was er erlebt hat, wie er selbst „bekehrt wurde“, wie sein Glaube bereichert wurde durch die Begegnung mit dem glaubenswilligen Cornelius. Petrus ist nie allein. Er nimmt Brüder als Augenzeugen mit nach Caesarea und nach Jerusalem. Grundhaltungen des Petrus (die in den Wegskizzen auftauchen können) sind etwa: Hören auf Gott, auf den Menschen, auf die Situation; hingehen, nicht zu sich bitten; Beziehung aufnehmen, Fragen stellen, erzählen, Zeugnis geben, Gemeinschaft haben, warten können, sich beschenken lassen, preisen und danken.

3. *Was die Christen verbindet: das Glaubensbekenntnis.*

Ich glaube an Gott,
den Vater, den Allmächtigen,
den Schöpfer des Himmels und der Erde.

Ich glaube
an Gott –
Ich will leben
und werde leben,
weil Gott
ja sagt
zu mir.

und an Jesus Christus,
seinen eingeborenen Sohn, unsern Herrn,
empfangen durch den Heiligen Geist,
geboren von der Jungfrau Maria,
gelitten unter Pontius Pilatus,
gekreuzigt, gestorben und begraben,
hinabgestiegen in das Reich des Todes,
am dritten Tage auferstanden von den Toten,
aufgefahren in den Himmel;
er sitzt zur Rechten Gottes, des allmächtigen Vaters:
von dort wird er kommen,
zu richten die Lebenden und die Toten.

Jesus ist
Gottes Ja
zu uns,
Wegweiser
und Weg.

Ich glaube an den Heiligen Geist,
die heilige katholische Kirche,
Gemeinschaft der Heiligen,
Vergebung der Sünden,
Auferstehung der Toten
und das ewige Leben. Amen.

Die Kirche
ist das Werk
seines Geistes,
Zeichen und
Werkzeug Gottes,
der unser aller
Glück will.

Arbeit mit dem Apostolischen Glaubensbekenntnis

Am Glaubensbekenntnis erkennt man den Christen. Im alten Griechenland war es Brauch, daß Freunde sich zum Abschied die Hälfte eines zerbrochenen Ringes oder einer Münze schenkten. Wenn der eine dem anderen eine wichtige Botschaft schickte, gab er als Erkennungszeichen das „Symbolon“, das Zeichen der Zusammengehörigkeit, mit, damit der Empfänger sicher sein konnte: das ist wirklich eine Nachricht von meinem Freund, ich kann ihr vertrauen. Rund um die Erde sprechen die Christen gemeinsam das Glaubensbekenntnis - in allen christlichen Kirchen und Gemeinschaften; in den verschiedenen Sprachen und Kulturen ist es das Zeichen der Zusammengehörigkeit. Wegen des Glaubensbekenntnisses wurden und werden Christen verfolgt und gehen seinetwegen mutig in den Tod.
Das Glaubensbekenntnis (lateinisch Credo) zu verstehen und danach zu leben, ist eine lebenslange Aufgabe.

Gruppenstunden, in denen sich Jugendliche mit dem Glaubensbekenntnis der Christen beschäftigen, stehen vor zwei Fragen:
- Was glauben die Kirchen?
- Was glaube ich?

Möglichkeit A:
Jeder beschäftigt sich zunächst allein mit dem Text des Apostolischen Glaubensbekenntnisses
- Was gefällt mir? Wo kann ich zustimmen? Was glaube ich auch?
  Diese Stellen werden im Text unterstrichen.
- Was verstehe ich nicht? Wo habe ich Schwierigkeiten?
  Diese Stellen werden im Text unterringelt.
- Was lehne ich ab? Was kann ich nicht glauben/akzeptieren?
  Diese Stellen werden im Text durchgestrichen.

Möglichkeit B.
Gemeinsame Um- oder Neuformulierung. Am besten nach vorheriger Kleingruppenarbeit, in der der o. g. Dreierschritt angewandt wurde.
Wichtig ist der Austausch mit den anderen Gruppenmitgliedern, der fruchtbar sein wird für den eigenen Glauben und den der anderen.

Vergleich mehrerer „Glaubensbekenntnisse"

In der Gruppe werden die Um- bzw. Neuformulierungen der Kleingruppen (s. Möglichkeit B) oder einige Beispiele selbstformulierter „Glaubensbekenntnisse von Jugendlichen miteinander verglichen.

„Ich glaube an mich selbst. Ich glaube an die Zukunft. Ich will heiraten, Kinder, viele Kinder kriegen, einen Mann, der mich liebt, der mich glücklich macht, ich glaube daran.
Ich glaube an den Tod, an den Sarg, an das Grab, an ein paar faule Knochen – an mehr nicht.
Ich glaube an mich selbst."

„Ich glaube an kein Kirche oder Religion und wenn man so will an keinen Gott. Ich glaube auch nicht an einen besonderen oder irgendeinen Sinn des Lebens. Aber ich glaube an meinen Selbsterhaltungstrieb, der es mir unmöglich macht, mich selbst zu zerstören. Ich glaube, daß ich mir sehr viel vormache und ich glaube, daß ich weiter dahinleben werde, getrieben und selbst treibend, bis ich abkratze, das Zeitliche segne, oder biologisch ausgedrückt, bis meine Zellen verbraucht sind, und meine Gehirntätigkeit, bereits verkümmert durch ein Leben im Establishment, ganz aufhört.
Was dann sein wird, daran glaube ich auch nicht."

„Ich kenne keinen anderen Herrn
als Jesus von Nazareth:
Er überstand den Tod
und die Gewalt der Mächtigen.
Ich kenne keinen anderen Partner
als Jesus Christus:
Er liebte wie keiner sonst
und gab für seine Freunde das Leben.
Ich kenne keinen anderen Gott
als den Gott unter Menschen:
Er hat das Wunder seines Lebens gelebt
und darin mir ein Modell geschaffen.
Ich kenne keinen anderen,
dem man restlos und endgültig glauben könnte,
als den Gekreuzigten und Auferstandenen:
Er lebt und steht für mein Leben ein.
Ich glaube!"

Jesus,
ich glaube an Dich,
weil Du der Sohn Gottes bist.
Der Du die Ohnmacht der Menschen
überwunden hast am Kreuz.
Der Du durch den Tod
hindurchgegangen bist
zur Auferstehung.
Du bist das Leben
uns vergibst uns unsere Schuld.
Ich glaube an den Heiligen Geist,
der die Welt verändert
durch seine Kraft.

Fragen für den Vergleich:
- Welche Unterschiede lassen sich feststellen?
- Worin können sie begründet sein?
- Was ist den verschiedenen Texten gemeinsam?
- Wo liegt jeweils das Schwergewicht der Aussagen?
- Vergleicht auch das folgende Glaubensbekenntnis eines Erwachsenen:

„Ich glaube an Jesus Christus, den einzigen Sohn Gottes,
der Mensch wurde, damit wir Vergebung, Freude und Heil hätten.
Ich glaube, daß er für uns gestorben und auferstanden ist,
um uns den Sieg über den Tod und die Gewißheit
unserer Auferstehung zu geben.
Ich glaube, daß er wiederkommen wird in Macht und Herrlichkeit,
wie er in Schwachheit und Niedrigkeit gekommen ist.
Durch ihn glaube ich an Gott, unseren Vater,
der uns als seine Kinder annimmt, uns mit seinem Evangelium sendet und uns liebt, wie ER Jesus Christus liebt.
Ich glaube an den Heiligen Geist, der in unserem Geist Wohnung nimmt und uns bezeugt, daß wir Gottes Kinder sind, der die Kirche durch das Evangelium leitet und uns die Herrlichkeit Jesu Christi offenbart.
Ich glaube an die Kirche Christi, verborgen und universal, sichtbar und unsichtbar, sündhaft und von der Vergebung lebend.
Ich glaube, daß alle Menschen in Jesus Christus verbunden sind.
Ich glaube, daß das Reich Gottes unsere gemeinsame Hoffnung ist.“

4. *Impulstexte*

Ein Weg-Weiser darf nicht den Weg-Suchenden auf den Buckel nehmen und zum Ziel tragen. Ein Weg-Weiser muß stehen bleiben und dem anderen zutrauen, daß er seinen Weg geht.

Bischof Bernhard Stein, Trier

Rede nur,
wenn du
gefragt bist.
Aber lebe so,
daß man dich fragt.

Der Unglaube vieler Menschen rührt vielleicht daher, daß man ihnen Gott „gelehrt“ hat, als sie noch klein waren, daß man aber Gott niemals „offenbart“, also enthüllt und gezeigt hat. Sie sind niemals dazu angeleitet worden, einen lebendigen Gott zu entdecken, der sie angeht, der sie kennt, der sie liebt und ihnen eine Zukunft bereitet. Sie haben keine Gelegenheit gehabt, mit Menschen zusammenzuleben, die wirklich daran glauben.

Bischof Elchinger, Straßburg

Steine

ich bin von felsenfest
überzeugten Menschen
umgeben
und habe Angst
daß mich diese Steine
erschlagen

Armin Gallus

Wer sich von der Botschaft Jesu hat anstecken lassen, der wird dies Evangelium weitersagen wollen: „Dies ist der Wahrheitstest, die Probe der Echtheit der Evangelisierung: Es ist undenkbar, daß ein Mensch das Wort Gottes annimmt und in das Reich eintritt, ohne auch von sich aus Zeugnis zu geben und dieses Wort zu verkünden.“

Papst Paul VI.

Die Brunnen,
aus denen
wir schöpfen,
sind von
mannigfacher
Gestalt.
Auf ihrem Grund
aber
fließt dasselbe
Wasser.

„Wenn jemand einen Gulden oder zwei, ja kaum einen Groschen im Fenster oder in der Stube hat liegen gelassen, da sorgt und fürchtet er sich, daß ihm das Geld gestohlen werde; aber aufs Evangelium könnte er ein ganzes Jahr lang verzichten. Und solche Gesellen wollen doch für evangelisch gehalten werden."

Martin Luther

Herr, gib mir Mut,
das zu verändern,
was ich verändern kann,
die Gelassenheit,
das hinzunehmen,
was ich nicht ändern kann,
und die Weisheit,
um zwischen beidem
zu unterscheiden.

Fr. Chr. Oetinger

Um an die Quelle zu kommen,
muß man gegen den Strom schwimmen.

Polnisches Sprichwort

Lebe das, was Du vom Evangelium begriffen hast.
Und wenn es auch noch so wenig ist.
Aber lebe es.

Roger Schutz

4. Ich glaube Jesus Christus

Ein Aussätziger fällt vor Jesus nieder:
„Herr, wenn du willst, kannst du mich rein machen."
Und Jesus wendet sich ihm zu, so daß er heil wird.

Mt 8,1–4

Vorüberlegungen

Es gibt Situationen zwischen Eltern und Kindern, zwischen Geschäftspartnern, zwischen Ehepaaren, wo es kein schöneres Wort gibt als dies: Ich glaube Dir. Die persönliche Beziehung ist so gut, daß allem Anschein zum Trotz das Vertrauen zueinander nicht erschüttert wurde.
Der Aussätzige im Evangelium traut Jesus zu, daß er ihn heilen kann und will. Sein Vertrauen ist groß. Er glaubt. Das lateinische Wort Glauben verrät mehr von der persönlichen Beziehung, die zwischen den „Partnern" besteht: Credere kommt von cor dare, d.h. sein Herz geben. Sein Herz verschenken, das ist Sprache der Liebenden. Ich glaube Jesus, das ist zunächst eine Sache des Herzens, nicht des Verstandes. Ich kenne ihn so gut, daß ich ihm zutraue, daß er mir helfen kann und will. Woher weiß ich das?
Die guten Erfahrungen, die Menschen mit Jesus gemacht haben, seine Taten der Liebe und seine wegweisenden Worte (beides geschieht in göttlicher Vollmacht, ist von Gott legitimiert – ein Hinweis auf die Einstellung Gottes zu den Menschen), wurden von Augenzeugen weitererzählt, aufgeschrieben, damit sie nicht vergessen werden – der Faden der Überlieferung ist bis heute nicht abgerissen: In der Gemeinschaft der Glaubenden (= Kirche) wird dieses Wissen um Jesus weitererzählt, gefeiert und befolgt. Ohne die Kirche gäbe es weder die Bibel noch die Möglichkeit, den Glauben in der Praxis zu erproben: Glauben kann man nur in der Gemeinschaft mit anderen, die sich auf dieses Wagnis mit einlassen. So gesehen ist Kirche eine Erzähl- und Dienstgemeinschaft.
Von daher kann der Satz „Jesus ja, Kirche nein" nicht richtig sein. Höchstens insofern, als er ein Hinweis darauf ist, daß (nicht nur junge) Menschen heute Jesus in der Kirche nicht finden können. Vielleicht geht heute der Anstoß, den viele an der Kirche nehmen, so weit, daß sie meinen, auch auf Jesus verzichten zu können.
Weil er aber „der Weg, die Wahrheit und das Leben" (Joh 14,6) ist, ist es entscheidend wichtig für das Gelingen des Lebens, Jesus zu begegnen, Vertrauen zu ihm zu fassen und ihm zu folgen – dazu braucht jeder die Erzähl- und Lebensgemeinschaft mit Glaubenden.

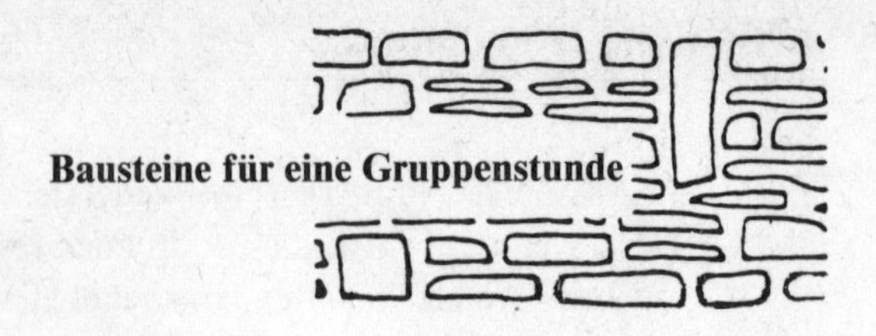

1. Ein Spiel: Bilder bewerten

Der Gruppenleiter besorgt sich sechs unterschiedliche Jesus-Bilder (Kunstkarten, aus Kalendern usw.). Es ist gut, aber nicht notwendig, wenn man jedem Teilnehmer einen kompletten Satz Bilder (z. B. die Bildkarten „neue und alte Jesusbilder“, hrsg. vom Informationszentrum Berufe der Kirche, 7800 Freiburg, Schoferstr. 1) in die Hand geben kann. Jeder ordnet die 6 Bildkarten in der Reihenfolge, wie sie ihm am besten gefallen. Zu unterst liegt das Bild, das ihn am wenigsten anspricht, zu oberst das, das ihm am meisten zusagt. In einem Umschlag (Bild nach oben) werden die Bilder eingesammelt und von einem aus dem Leitungsteam ausgewertet. Wenn man nur wenige Bilder hat, werden sie numeriert, und jeder Teilnehmer schreibt die Zahlen in der Reihenfolge seiner Wertschätzung auf. Dann erläutert jeder:

- Wie komme ich zu dieser Reihenfolge? Warum mag ich dieses Bild mehr als jenes?
- Welche Bibelstellen über Jesus bevorzuge ich?
- Welche Gründe aus meiner eigenen Lebensgeschichte gibt es für meine Vorliebe für dieses Jesusbild, für die Ablehnung jenes Jesusbildes?
- Kann ich erwarten, daß andere bei anderer Lebensgeschichte *mein* Bild teilen?
- Welche Jesusbilder zeichnen die vier Evangelisten?

2. Bildmeditation: ‚Das unzerstörbare Bild‘

Jurij Titov, 1928 in der Nähe von Moskau geboren, hat dieses Bild gemalt. Als Kind und junger Mensch hat er nie etwas von Gott gehört, er wurde atheistisch erzogen.
1963 ließ Jurij Titov sich taufen. Er sagte von sich: „Ich habe fast körperlich gespürt, daß es ohne Gott kein Leben gibt.“
1971 wurde er in eine Spezialklinik eingewiesen, ein Jahr später ins Ausland abgeschoben. Von ihm stammt das Bild, das wir jetzt betrachten wollen.
Den Mittelpunkt des Bildes bildet eine Christusikone. Ein ernstes, männliches Gesicht. Leicht gewelltes Haar, ein spitz auslaufender Bart umrah-

men das Oval des Gesichtes. Weit offene Augen blicken mich fragend an. Der dunkle Rahmen der Ikone steht in Flammen. Das helle Bild mit dem dunklen Christuskopf ist noch unversehrt.
Von allen Seiten brennt es, Teile des brennenden Rahmens sind zu Boden gefallen und brennen dort weiter. Aus dem flammenden Chaos ragt eine Knochenhand mit brennender Kerze empor. Die Flamme der Kerze vereinigt sich mit den Flammen des brennenden Rahmens.
Ist es die Kerze eines Brandstifters?
Oder die Kerze eines Beters?
Von den Flammen unzerstört – unzerstörbar!
Das Antlitz Christi, die Ikone.
Ernst blickt der Herr mich an, fragend.
Was erwartet er von mir, jetzt, in diesem Augenblick?
Bin ich es, der Hand legt an das Bild Christi?
Bin ich der Brandstifter mit der Totenhand?
Will ich diese fragenden Augen des Herrn für immer
verschwinden machen, um endlich Ruhe zu haben?
Es wäre vergeblich: die Hand, die die Kerze hält, ist tot,
aber das Bild lebt, der Dargestellte lebt und schaut mich an.

Bin ich der Beter? Dann ist auch das Chaos um mich herum nicht fähig, mir das Bild des Unzerstörbaren zu zerstören. Hebe ich Hand und Herz vertrauend, verehrend zu ihm empor, auch noch im Tod?
„Weder Tod noch Leben können uns scheiden von der Liebe Gottes in Jesus Christus, unserem Herrn", bekennt Paulus im Römerbrief. Wenn das wahr wäre?
Sollte ich dann nicht jeden Tag aufs neue dankbar sein? Kerzen anstecken vor dem Bild Gottes, das mir in vielen Situationen begegnet, in Menschen, im Lesen und Hören ...

Unzerstörbar ist sein Bild: „Himmel und Erde werden vergehen, aber meine Worte werden nicht vergehen."
Ein solches unvergängliches Wort, vor 2000 Jahren gesagt, ist z. B. „Euer Herz sei ohne Angst. Glaubt an Gott und glaubt an mich." Sollte ich da noch Brandstifter sein wollen? Oder nicht doch besser Beter? Fragend schaut der Herr mich an.

Das Bild von Jurij Titov ist enthalten in der sechsteiligen Reihe Jesus-Bilder des Informationszentrums Berufe der Kirche, Schoferstr. 1, 7800 Freiburg.

3. *Filmmeditation „Parabel"*

Zu Beginn des Kurzfilms gibt der Sprecher selbst das Thema bekannt: Im Evangelium lehrt Jesus in Gleichnissen und bringt uns in Form von symbolischen Geschichten die Botschaft Gottes nahe. Heute könnte ein Gleichnis folgendermaßen beginnen:

Es war einmal ein Zirkus, eine Zirkusparade aller Völker und Nationen. Einige nahmen daran teil, andere waren nur Zuschauer. Eine Parade, bei der der Nächste fremd, ja gleichgültig war. Der Name des Zirkus war Magnus.
Magnus, der schwarze Marionettenspieler, erwacht allein in seinem Zirkuswagen. Mit Marschmusik zieht ein großer Zirkus über die Landstraße. Er stellt alle Völker und Zeiten dar. Am Schluß reitet am Straßenrand auf einem Esel ein weißer Clown. Dieser Clown erweist sich als gütiger Helfer: Zunächst sieht er einen erschöpften Tierwärter, nimmt ihm unaufgefordert die Wassereimer ab und geht unbedankt weiter. Der Wärter verläßt seinen Dienst und folgt ihm.
Dann nimmt er im Rahmen einer Zirkusnummer die Stelle eines Negers ein, der von einem Mann verbissen mit Bällen beworfen wird. Der so freigewordene Neger gibt jetzt die Bälle lächelnd, fast spielend zurück. Die Wut des Ballwerfers überträgt sich nun auf den weißen Clown. Auch der Neger schließt sich dem weißen Clown beglückt an, während der weiße Mann haßerfüllt folgt.
Während sich Magnus und seine Mitspieler auf ihre Nummer in der Zirkuskuppel vorbereiten, befreit der weiße Clown noch eine Gehilfin aus den Händen eines Zauberers. Auch das Mädchen schließt sich an, der betrogene Magier und ein Kassierer aber nehmen die Verfolgung auf.
Im großen Zirkuszelt schauen Kinder, mit Kapuzenmänteln bekleidet, einem grotesken Marionettenspiel mit drei Menschen als Figuren zu. Magnus ist der Drahtzieher, der sie gegenseitig aufeinander einprügeln läßt. Der weiße Clown erscheint, lenkt die Kinder von der grausigen Szenerie ab, indem er sie mit seinen drei Gefährten durch Schuhputzen erheitert und danach aus dem Zelt bringt. Dann befreit er trotz heftigen Widerstandes von Magnus die Marionetten und übernimmt ihre Rolle. Die drei geprellten Verfolger schlagen blindwütig auf ihn ein und verletzen ihn tödlich. Magnus läßt ihn in die Zirkuskuppel ziehen, wo er wie ein gekreuzigter Christus mit einem schauerlichen Todesschrei stirbt.
Magnus versucht mit allen Mitteln, sein Marionettenspiel weiter zu treiben, muß aber einsehen, daß seine Macht gebrochen ist. Erschüttert erkennt er, daß er zu weit gegangen ist, und er verläßt den Thron seiner Macht. Zurück bleiben die Schauplätze der Leiden, die drei Befreiten führen ein glückliches Leben, in der Ferne zieht der Zirkus weiter. In Magnus aber reift seine Wandlung zum Entschluß, und zielstrebig folgt er als neuer „weißer Clown" dem Zirkus nach.

Der Film unternimmt den Versuch, die Gleichnisse Jesu in moderne Bilder zu übersetzen. In einem Zirkus wird das Welttheater, der Kampf zwischen Gut und Böse und die Überwindung des Bösen durch den Guten (offensichtlich Christus) dargestellt. Dabei werden eine ganze Fülle von Urthemen des Menschen und der Menschheit, wie Aggression, Ausbeutung, aber auch Erlösung und Befreiung sichtbar. Bild und Ton sind voll von Symbolik. Das macht die Auseinandersetzung nicht leicht, aber ungemein fruchtbar.

Bei der Film-Meditation empfiehlt es sich, den Film vorher so weit vorlaufen zu lassen, daß die Vorführung beginnt mit dem Ende der Zirkusparade (Ton leise einblenden!).
Einleitend kann man etwa sagen: Mit Hilfe eines modernen Films wollen wir heute abend miteinander darüber nachdenken, was der Tod Jesu für uns bedeutet.
Der Film zeigt in einem Zirkus das große Welttheater, den Kampf zwischen Gut und Böse und die Überwindung des Bösen durch das Gute.
Nach der Hinrichtungsszene kann man die Filmvorführung unterbrechen und ein Dia des gekreuzigten Christus einblenden.

In einer bunten „Parabel“, einer Gleichniserzählung, sahen wir eben den Weißen Clown Menschen in schwierigen Situationen helfen – und sie folgten ihm. Damit erinnert die Figur des Weißen Clowns uns an Jesus, der „umherzog, Gutes zu tun“ (Apg 10,38) und „alle Krankheiten und Leiden zu heilen“ (Mt 9,35). Spätestens in dem Moment, wo der Weiße Clown mit lautem Schrei – wie gekreuzigt – in der Zirkuskuppel stirbt, wird uns deutlich bewußt, daß hier Jesus gemeint ist.
Hören wir einen Abschnitt aus dem Markusevangelium (15,33–37).

Der Film macht uns betroffen. Warum muß dieser gute Mensch sterben? Warum mußte Jesus, der geliebte Sohn Gottes, leiden und sterben?
In seiner Enzyklika „Dives in misericordia“ erklärt Papst Johannes Paul II., wie sich gerade im Sterben Jesu die Liebe Gottes zu den Menschen zeigt: „Die göttliche Dimension (das ganze Ausmaß) der Erlösung beschänkt sich (aber) nicht auf das Gericht über die Sünde, sondern sie erneuert in der Liebe jene schöpferische Kraft im Menschen, die ihm wieder die von Gott kommende Fülle des Lebens und der Heiligkeit zugänglich macht“. „Durch seine Wunden sind wir geheilt“, sagt Jesaja (53,5).

Nun kann die Gruppe den Film zuende sehen und mit einer Meditation, vielleicht sogar einem Gebet, schließen.

5. *Impulstexte*

Jesus – ja oder nein?

Ein Mensch wird geboren, einer unter Milliarden. Spätestens drei Jahrzehnte danach fangen einige an, überzeugt zu sein, daß dieser eine der Mittelpunkt der Weltgeschichte ist. Die ganze Zeit wird nach ihm berechnet: vor und nach Christi Geburt. Für mich eine willkürliche Rechnerei? Oder die einzig gültige: weil ER das Herz der Welt, die Mitte auch meines Leben ist? Ja oder nein!
Ein Pfahl wird in die Erde gerammt. Am 7. April 30, einige Steinwürfe vor den Mauern Jerusalems. Den sie annageln, sind sie nun endlich los, für immer. Am dritten Tag aber ereignet sich die Explosion des neuen Weltalls, die Geburtsstunde der neuen Schöpfung: Jesus lebt. Diese Überzeugung ist nicht mehr auszurotten, nicht durch Gewalt, nicht durch unterminierende Interpretationskünste. Ungezählte leben für ihn, sterben für ihn. Will ich an ihn glauben? Ja oder nein!
Eine Scheidung geht durch die Menschen, letztlich die einzige. „Ich bin gekommen, Feuer auf die Erde zu werfen!“ Neutralität, achselzuckendes Auf-sich-Beruhenlassen gibt es nicht. „Wer nicht für mich ist, ist gegen mich.“ Niemand wurde je so gehaßt oder geliebt. Er ist der Eckstein: man zerschellt an ihm – oder findet das Fundament des Lebens. Setze ich mein Leben auf ihn? Ja oder nein!

Ich hörte sagen, einer habe gesagt,
Gott, der nichts sagt, habe durch ihn gesprochen.
Ich, der ich Antwort suche von Jugend an,
fragte nach dem, den Gott als sein Wort
ausgehn ließ in die Welt.
Er ist tot. Auch die Zeugen sind tot.
Aber Berichte, durch viele Münder
und Federn gegangen, liegen mir
nach Jahrhunderten vor.
Ich las die Berichte. Die Bürgschaft,
die sie enthielten, ergriff mich –
ein großer, wahrhaftiger Irrtum.
Er schloß die Wahrheit nicht aus,
er verbarg sie wie ein Kokon.
Was tun? Gerade jetzt, da der Jüngste Tag
nicht mehr kommt, doch der letzte
täglich hereinbrechen kann, – gerade jetzt,
da die blitzenden Fenster zur Wahrheit
mit Ahnung beschlagen, wer
das Tier aus der Tiefe eigentlich ist, –
gerade jetzt, da aus den Gesichtern
hinter den Fenstern der Schweiß bricht, –
was tun, um von Gott, der selbst zu dem Wort,
er sei tot, nichts sagt, eine Kunde zu haben?
Ich prüfe die Wirkung der Botschaft
auf die Kuriere, ob sie im Laufen
unter Gedankensprüngen den Schritt
vom Überbringen tun zum Vollbringen.
Was Erwartungen angeht, bin ich noch jung
und fähig, Boten zu glauben,
die selber Botschaften sind.

Jürgen Rausch

Was Jesus
für mich ist?
Einer, der
für mich ist.

Was ich
von Jesus halte?
Daß er
mich hält.

Lothar Zenetti

5. Beten – drahtlose Kommunikation mit Gott

„Warum soll ich mir Sorgen machen?
Es ist nicht meine Angelegenheit, an mich zu denken.
Meine Angelegenheit ist es, an Gott zu denken.
Es ist Gottes Sache, an mich zu denken."

Simone Weil

Vorüberlegungen

Viele Jugendliche haben Schwierigkeiten mit dem Beten. Sei es, daß sie die Reimgebete der Kindheit oder die vollgepackten Formelgebete der Liturgie nicht nachvollziehen können, sei es, daß sie nie Freude am Beten erlebt haben. Oder Gott ist für sie so unbekannt, daß sie nicht auf den Gedanken kämen, im Gebet Kontakt mit ihm zu suchen.
Oft meinen wir, wir könnten nicht beten, weil sich kein frommes Gefühl einstellen will. Wichtig beim Beten ist aber nicht das Gefühl, sondern der Wille, die Entscheidung: Jetzt nehme ich mir Zeit für Gott. Die Verbindung ist immer da. Gottes Heiliger Geist ist es, der in uns betet (vgl. Röm 8,26f). Wir schalten uns beim Beten in dieses Gespräch ein. Normalerweise denken wir nicht daran, daß wir atmen. In schwierigen Situationen und in guter Luft atmen wir bewußt tief durch. So ähnlich ist das mit dem Beten.
Da können wir viel von Jesus lernen. Jesus konnte beten, weil er mit seinem Vater ganz vertraut war. Er lehrt seine Jünger und uns, Gott zu vertrauen und vertraulich mit ihm zu sprechen über all das, was das Leben ausmacht; über unsere Freude und unser Leid, unsere Sorgen, Einsichten und Wünsche, unser Versagen und sogar über unseren schwankenden Glauben. Für die Jugendlichen wäre es wichtig zu erfahren, welche Wohltat es ist, sich im Gebet auszuruhen bei Gott. Er sorgt für uns. Wir können uns ihm unbesorgt überlassen.

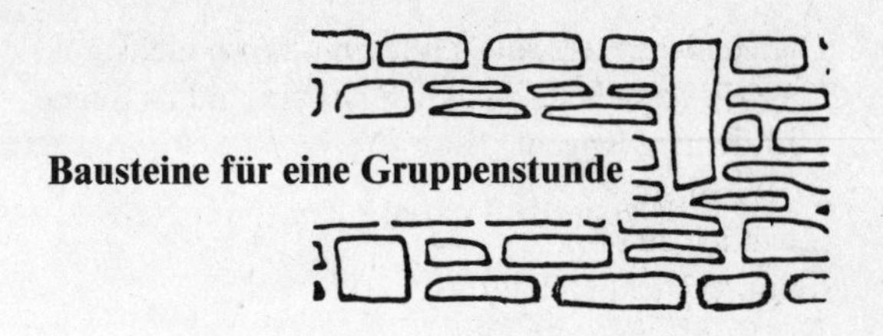

Bausteine für eine Gruppenstunde

1. Gespräch über das Beten

- Wenn das nötige Vertrauensklima da ist, kann jeder von seinen Erfahrungen/Schwierigkeiten mit dem Gebet berichten. (Anonym ist das möglich, wenn jeder das schriftlich tut; einer liest dann die Zettel vor, die danach vernichtet werden).
- In einer aufgeschlossenen Gruppe kann man mit einem der folgenden Texte beginnen:

„Bei Sonnenaufgang liefen dreißig Jugendliche auf die Wiese, stellten sich in Abständen auf, das Gesicht der Sonne zugewendet, und begannen sich zu bücken, hinzuhocken, zu verbeugen, auszustrecken, die Arme auszubreiten, die Arme zu heben, kniend den Körper hintenüber zu werfen. Dies dauerte eine Viertelstunde lang. Von weitem hätte man meinen können, sie beten.
In unseren Tagen wundert es niemand, daß der Mensch Tag für Tag geduldig und aufmerksam seinem Körper dient. Wir wären aber gekränkt, wenn er so seinem Geist diente. Nein, dies ist kein Gebet. Es ist die Morgengymnastik."

Alexander Solschenizyn

„Glauben die Frommen, Gott höre sie nur, wenn sie beten, er habe keine Ahnung von den Worten, die sie sonst denken und sagen? ... Mein Leben ist in der Gebetssprache nicht mehr unterzubringen. Ich kann mich nicht mehr so verrenken. Ich habe Gott mit diesen Formeln geerbt, aber jetzt verliere ich ihn durch diese Formeln."

Martin Walser

Die Heiden, Herr, die ich kenne, beten nicht;
aber sie verstehen, glücklich zu sein und zu feiern.
Hilf deinem Knecht
Roger Bush,
glücklich zu sein,
damit er nicht so häufig
den Kopf schütteln muß
über das Böse, das er sieht.
Herr, die Heiden, die ich kenne,
lieben uns Christen nicht,
weil wir ständig
mit Steinen werfen, während wir beten.

John Howard

2. Faltblattspiel

Auf einem Plakat steht in der Mitte „Meine Meinung zu ..." Auf eine Reihe leerer Blätter hat der Gruppenleiter ganz unten geschrieben: Vater unser, Beten in der Familie, freiformulierte Gebete, Beten im Gottesdienst, Morgen- und Abendgebet, Tischgebet, auswendig gelernte Gebete,... Jedes Gruppenmitglied bekommt ein solches Blatt und schreibt seine Meinung dazu auf. Dann knickt er das Blatt so um, daß sein linker Nachbar weiterschreiben kann, ohne die Meinung des anderen zu lesen. Wenn alle Blätter ausgefüllt sind, werden sie gemischt, und es bilden sich Dreiergruppen, die über die Aussagen auf den Blättern nachdenken, die sie gerade in der Hand haben. In einem nächsten Schritt teilen sie ihre Ergebnisse und Fragen der ganzen Gruppe mit. Es hängt sicher von der Situation einer jeden Gruppe ab, wie weit man über das persönliche Beten miteinander sprechen kann. Die folgenden Anregungen sind sicher als Information und Anstoß zu gebrauchen. Die Auswahl aus persönlichen Gebeten, die situationsbezogen sind, kann man in der Gruppe sichten und werten. Die Gruppenmitglieder können durch diese Beispiele angeregt versuchen, ein ganz persönliches Gebet zu formulieren.

3. Anregungen zum persönlichen Beten

Alltäglich denke ich
viele Stunden lang
nicht an dich

Doch manchmal spüre ich
nur sekundenlang
du siehst mich

Dann wieder denke ich
viele Stunden lang
nicht an dich

Lothar Zenetti

Keine Lust

Herr, alles ist so öde. Zu nichts habe ich Lust.
Die Schule ist langweilig. Mein Vater nervt mich, nicht zuletzt mit seinem ständigen Gerede von der „anstehenden Berufswahl".
Mich interessiert gar nichts: nicht Handwerk, nicht Büro und erst recht nicht die Schule.
Warum ist das so? Es gibt andere, die können sich begeistern: für ein Schulfach, für ein Berufsziel oder wenigstens für Modellbau, für Bücher, für Sport, für eine Jugendgruppe. Die haben Ideen und Phantasie.
Mir geht alles auf die Nerven – Eltern, Lehrer, Arbeit, sogar Comics und Fernsehen und Disco, ja selbst die ewige Gammelei!
Wie das weitergehen soll, hat meine Mutter gefragt, hat mein Klassenlehrer gefragt.
Fragst du das auch, Gott?
Machst du mir Vorwürfe?
Oder nimmst du mich an?
Ich wende mich an dich.
Ich glaube, du hörst mir zu.

Herr, mach mich zu einem Werkzeug deines Friedens,
daß ich liebe, wo man haßt;
daß ich verzeihe, wo man beleidigt;
daß ich verbinde, wo Streit ist;
daß ich die Wahrheit sage, wo Irrtum ist;
daß ich Glauben bringe, wo Zweifel droht;
daß ich Hoffnung wecke, wo Verzweiflung quält;
daß ich Licht entzünde, wo Finsternis regiert;
daß ich Freude bringe, wo der Kummer wohnt.

Franziskus zugeschrieben

Wenn ich
die Maschine ganz aufdrehe,
spüre ich
den Rausch der Geschwindigkeit
und ein
unbändiges Gefühl der Freiheit.
Außer sich sein
in Rausch und Ekstase
– sich fühlen wie Gott!
Hab Dank,
Vater im Himmel,
für dieses Gefühl.
Und halte mich
am Leben,
wie ich mich halten will
an die Spielregeln des Straßenverkehrs,
damit niemand gefährdet wird
– durch mich.

Ich brauche dich, Herr,
als meinen Lehrer,
tagtäglich brauche ich dich.
Gib mir die Klarheit des Gewissens,
die allein deinen Geist erspüren
kann.
Meine Ohren sind taub,
ich kann deine Stimme nicht hören.
Mein Blick ist getrübt,
ich kann deine Zeichen nicht sehen.
Du allein kannst mein Ohr schärfen
und meinen Blick klären
und mein Herz reinigen.
Lehre mich zu deinen Füßen sitzen
und auf dein Wort hören.

John Henry Newman

Persönlich beten heißt, sein Leben zur Sprache bringen vor Gott: Ich weiß, daß ich mein Leben ausbreiten kann vor Gott – er stellt mich nicht bloß. Ich weiß, daß ich zu ihm sprechen kann, wie mir gerade ums Herz ist – er versteht mich. Ich weiß, daß ich mich vor ihm nicht verstellen kann – er kennt mich. Ich weiß, daß ich zu ihm kommen kann, wann ich will – er ist mir immer nahe. Mein Leben braucht das Gebet, das bedeutet auch, daß ich es nicht darauf ankommen lassen darf, wann mir nach Beten zumute ist. Es ist gut für uns, regelmäßig zu beten; und es kann eine große Hilfe sein, wenn wir für unser Gebet Formeln zur Verfügung haben.

aus dem Gotteslob

Abendgebet

Haben wir diesen Tag gelebt, Herr, wie es dir gefällt?
Sind wir geduldig, schlicht und liebevoll gewesen?
Haben wir jenen genug Zeit gegeben, die zu uns kamen?
Haben wir ihre Hoffnung beantwortet, wenn sie fragten?
Haben wir sie umarmt, wenn sie weinten?
Haben wir sie zärtlich aufgemuntert, bis ihr Lachen wieder da war?
Haben wir Blumen gegeben mit dem Brot?
Haben wir deine Freude zum Blühen gebracht?
Sind wir unseren Brüdern immer Brüder gewesen?
Wenn das alles nicht so war, Herr, verzeihe uns.
Und selbst wenn es so war, es genügt nicht.
Umgib uns jeden Tag mit mehr Liebe.

Abendgebet der „Kleinen Brüder und Schwestern von Charles de Foucauld“

Ernst Alt, Sinkender Petrus

Es gibt Menschen, die wie Petrus erfahren haben, daß Jesus mitten in der Gefahr bei ihnen ist: Menschen im KZ, in den Folterlagern der Tyrannen unserer Tage, in Sterbekliniken und im einsamen Zimmer junger und alter Leute. Sie haben erlebt, daß Jesus stärker ist als alles, was ihnen Angst macht.
Ich bin mir nicht sicher, ob ich ehrlich sagen kann wie sie: „Herr, rette mich, denn ich gehe zugrunde."
Aber ich könnte es versuchen. Warum eigentlich nicht?
Herr, rette mich.

Hilf mir, o Gott,
das Wasser steht mir bis an den Hals. *Ps 69*

Wenn ich zu dir rufe, erhöre mich, Gott, du mein Retter.
Ich glaube, Herr, hilf meinem Unglauben.
Herr, du weißt, daß ich dich liebe.
Ich danke dir, Herr, daß du ja zu mir sagst, du Freund des Lebens.

Mit meinem Gott
überspringe ich Mauern. *Ps 18*

Herr, du hast mich erforscht
und du kennst mich.
Ob ich sitze oder stehe, du weißt von mir.
Von fern erkennst du meine Gedanken.
Ob ich gehe oder ruhe, es ist dir bekannt,
du bist vertraut mit all meinen Wegen.
Du umschließt mich von allen Seiten
und legst deine Hand auf mich. *Ps 139*

Denn von Herzen freundlich ist Gott.
Ein Licht aus der Höhe wird uns besuchen,
wie die Sonne am Morgen aufgeht,
und wird uns allen erscheinen,
die in Finsternis sitzen und Schatten des Todes.
Es wird unsere Füße lenken auf den Weg,
der zum Frieden führt,
und der Friede wird über unseren Schritten sein. *Lk 1,78–79*

Übertragungen des Vaterunser

In Kleingruppen kann man Collagen zu den einzelnen Bitten des Vaterunsers gestalten – gemäß dem Rat der hl. Theresa v. Avila:

„Es ist weit wertvoller, von Zeit zu Zeit eine einzige Bitte des Vaterunsers zu beten, als das Vaterunser öfter gedankenlos zu sprechen“.

Vater unser im Himmel,

Geheiligt werde dein Name.

Dein Reich komme,

Dein Wille geschehe,

Wie im Himmel, so auf Erden.

Unser tägliches Brot gib uns heute.

Und vergib uns unsere Schuld,

Wie auch wir vergeben unseren Schuldigern.

Und führe uns nicht in Versuchung,

Sondern erlöse uns von dem Bösen.

Eine für uns ungewohnte Fassung des Vaterunser kennen die Quechua-Indianer in Peru:

Unser Vater im anderen Leben,
Dein Name soll geküßt sein!
Dein Reichtum komme zu uns.
Dein Wollen soll getan werden,
Wie im anderen Leben,
So auch in diesem hier.

Gib uns heute unser Brot für den Tag.
Unsere Sünden sollen untergepflügt werden,
Wie auch wir begraben wollen,
Was wir gegen andere haben.
Führe uns, wenn Versuchungen kommen,
Und erlöse uns von allem, was nicht gut ist.

Amen

Beispiele für Psalm-Übertragungen

Einen Psalm sollte man gut kennen, ehe man sich an eine Übertragung wagt. Menschen, die dies tun, haben die Psalmen meist lange meditiert. Gerade ihre allgemein gehaltene Sprache erlaubt es dem Betenden und Suchenden, ganz verschiedene Situationen auf die Anwesenheit oder Abwesenheit des helfenden Gottes zu beziehen.
Erstaunliche Psalmenübertragungen entstanden in der Dritten Welt. Die wohl berühmtesten hat Ernesto Cardenal verfaßt. Aber es gibt auch andere Beispiele:

Wie Toki Hiyesnewi den 22. Psalm betet

Der Herr gibt mir das Arbeitstempo an: ich brauche nicht zu hetzen,
Er verschafft mir immer wieder einige ruhige Minuten, eine Atempause,
wo ich zu mir kommen kann.
Er stellt mir beruhigende Bilder vor die Seele,
die mir wieder und wieder zur Gelassenheit verhelfen.
Oft läßt Er mir die Dinge ganz mühelos und unversehens gelingen,
und ich kann erstaunlich getrost sein.
Ich merke: Wenn man sich diesem Herrn anvertraut,
bleibt das Herz ganz ruhig.

Obwohl ich eine Überfülle von täglichen Verpflichtungen habe,
so brauche ich doch nicht nervös dabei zu werden.
Seine stille Gegenwart befreit mich von aller Nervosität.
Weil Er über aller Zeit und über allen Dingen steht,
verliert alles andere sein Gewicht.

Oft – mitten im Gedränge – gibt Er ein ermutigendes Erlebnis.
Das ist, als ob einer mir eine Erfrischung darreicht.
Freude erfüllt das Herz, und eine tiefe Geborgenheit umfängt einen.

Ich spüre, wie mir daraus eine Tatkraft förmlich zuströmt,
und es ist mir klargeworden, daß, wenn ich so mein Tagwerk ansehe,
eine große Ausgeglichenheit erwächst
und Gelingen mir gegeben wird.

Darüber hinaus macht es einfach froh zu wissen,
daß ich meinem Herrn auf der Spur bin
und daß ich allezeit bei Ihm daheim sein darf.

Herr, Du nahmst unseren lieben Sohn

Volker Wagner

* 22. 6. 1955 † 28. 6. 1984

Gebe ihm Deine Liebe und Frieden.

In stiller Trauer:

Waltraut Wagner geb. Schreiner
Rüdiger Wagner

5560 Wittlich, den 3. Juli 1984

Die Beerdigung fand in aller Stille auf dem Hauptfriedhof in Trier statt.

Von Beileidsbezeigungen bitten wir Abstand zu nehmen.

Mein Freund
ist tot.
Warum?
Warum
hast
du
das
zugelassen,
grausamer
Gott?

Viel haben wir zusammen
unternommen in den letzten Jahren,
er hat mich verstanden,
wenn ich Kummer hatte in der Schule
oder zu Hause unverstanden war.
Er hat mich mitgenommen
auf seinem Motorrad
zum Schwimmen und zum Tanzen.

Nun ist er mir genommen,
warum nur?
Gewiß, wir haben uns auch schon mal gestritten.
Das tut mir jetzt doppelt leid.
Was ist nun mit dem Toten?
Kann ich hoffen,
daß er lebt bei dir?

5. *Mit der Zeitung beten*

Wenn wir versuchen, die Welt mit den Augen Gottes zu sehen, finden wir sogar beim Lesen in der Zeitung immer wieder Anlässe zum Beten: Um Frieden bitten, für Verstorbene beten, danken, wenn es mal gute Nachrichten gibt, Lobpreis für alles Schöne in Kultur und Umwelt.
Übt das Beten mit der Zeitung einmal in der Gruppe, einzeln und in Zweiergruppen, mit Stift und Collage ...

6. *Meditierend beten*

Herr, vor mir steht eine Kerze.

Sie brennt unruhig,
bald mit kleiner, bald mit großer Flamme.
Herr,
auch ich bin oft unruhig.
Laß mich ruhig werden.
Sie spendet mir Licht und Wärme.
Herr,
laß mich zum Licht für die Welt werden.
Die Kerze nimmt ab,
sie verzehrt sich in ihrem Dienst.
Herr,
oft suche ich nur meinen Vorteil.
Laß mich zu einem Dienenden werden.
Mit dieser Kerze
kann man andere Kerzen entzünden.
Herr, laß mich zu einem Beispiel
für andere werden.

Herr, sieh diesen Geldschein

Durch wie viele Finger ist er gegangen, Herr?
Und was hat er getan auf seinen langen, verschwiegenen Wegen?
Er hat der strahlenden Braut weiße Rosen in den Arm gelegt,
Er hat die Taufgeschenke bezahlt und das rosige Kindlein ernährt.
Er legte das Brot auf den Familientisch.
Er hat das heitere Lachen der Jungen und die stille Freude der Alten erlaubt.
Er hat den Besuch des rettenden Arztes bezahlt,

Er hat das Buch geschenkt, das den Knaben belehrt.
Er hat die Jungfrau bekleidet.
Aber er hat auch den Abschiedsbrief geschickt.
Er hat den Mord des Kindes im Mutterschoß bezahlt.
Er teilte den Alkohol aus und schuf den Trunksüchtigen.
Er hat den Kindern den verbotenen Film vorgeführt und hat die geschmacklose Schallplatte aufgenommen.
Er hat den Jüngling verführt und den Erwachsenen zum Dieb gemacht.
Für ein paar Stunden hat er den Leib einer Frau gekauft.
Er bezahlte die Mordwaffe und die Sargbretter.
O Herr, ich bringe Dir diesen Geldschein dar,
in seinen freudvollen
und in seinen leidvollen Geheimnissen.
Ich sage Dir Dank für all das Leben und die Freude, die er geschenkt hat.
Ich bitte Dich um Verzeihung für das Böse, das er getan hat.
Vor allem aber, Herr, bringe ich ihn Dir dar für alle Menschenarbeit, für alle Menschenmühe, deren Symbol er ist und die am Ende, unvergängliche Münze geworden, umgewechselt werden in Dein ewiges Leben.

Michel Quoist

7. Impulstexte

Zwei Bauern hatten ihre schwerbeladenen Wagen im Schlamm festgefahren. Der eine fiel auf seine Knie und betete um ein Wunder. Der andre schlug auf die Pferde ein, griff in die Speichen der Räder und fluchte dabei wie ein Fuhrmann. Da kam ein Engel vom Himmel und half ihm. Erschrocken fragte ihn der Bauer, ob er sich nicht geirrt habe und eigentlich dem frommen Bauern hätte helfen wollen. „Nein", sagte der Engel, „Gott hilft dem, der sich selbst abplagt."

In der Tiefsee gibt es Perlen genug, doch man muß alles daransetzen, sie zu finden. Wenn ein einmaliges Tauchen dir keine Perlen einbringt, brauchst du nicht daraus zu schließen, es gäbe keine im Meer. Tauche wieder und wieder. Sicher wirst du schließlich belohnt werden. So ist es mit dem Finden Gottes. Bleibt dein erster Versuch fruchtlos, verliere den Mut nicht. Sei beharrlich in deinen Bemühungen. Bestimmt wirst du seiner schließlich innewerden.

Ramakrishna

Gebet eines Gruppenleiters

Guter Gott,
wenn ich an meine Jugendgruppe denke,
meine ich manchmal,
daß ich mir zuviel zugetraut habe.
Gib mir Gelassenheit und Geduld,
gib mir Deinen Heiligen Geist,
damit ich kein Hindernis bin
auf Deinem Weg zu den jungen Christen.
Schenk ihnen Deinen Heiligen Geist,
daß er sie führt auf den Weg Jesu
zu den Menschen und zu dir,
damit ihr Leben gelingt. Amen.

Oft ist ein Blick auf Christus
das beste Gebet:
Ich schaue ihn an,
er schaut mich an.

Mutter Teresa

Mein Gott,
wenn du überall bist,
wie kommt es da nur,
daß ich so oft woanders bin?

Madeleine Delbrêl

Beten heißt:
die Situation
der Menschen vor Gott
bedenken.

Wenn du beten willst
so geh in dein Kämmerlein
dein Dunkelkämmerlein
und entwickle das Bild
das Gott sich
von dir gemacht hat.

Lothar Zenetti

Herr, unsere Erde ist nur ein kleines Gestirn im großen Weltall. An uns liegt es, daraus einen Planeten zu machen, dessen Geschöpfe nicht von Kriegen gepeinigt werden, nicht von Hunger und Furcht gequält, nicht zerrissen in sinnlose Trennung nach Rasse, Hautfarbe oder Weltanschauung. Gib uns den Mut und die Voraussicht, schon heute mit diesem Werk zu beginnen, damit unsere Kinder und Kindeskinder einst mit Stolz den Namen Mensch tragen.

Gebet der Vereinten Nationen

Textquellen

8 Hans Curt Flemming, Ein Zettel an meiner Tür, Gedichte, 1982.
16 Ulrich Baer (Hg.), Arbeitsblätter zur Spielpädagogik und Kulturarbeit 15–16/1981.
19 Thomas Wolfe, Schau heimwärts, Engel, Rowohlt Verlag, Reinbek 1954.
Barbara: Ernst Kappeler, Es schreit in mir, Kösel Verlag, München 1980, S. 216.
Vater: Alfons Höfer, auf dem Weg, Gedanken und Gebete für Männer, Verlag Butzon & Bercker, Kevelaer 1978, S. 197f.
22 Helga: Walter Rupp, Eltern heute, Tyrolia Verlag, Innsbruck 1972, S. 44.
David: Ernst Kappeler, a.a.O., S. 83f.
23 Anspiel: Dorothea Assig u. a., Sexualität ist mehr, Jugenddienst Verlag, Wuppertal 1977.
24 Hildegard Kremer: ferment 5–6/1984.
26 © Franz Hohler, CH-8050 Zürich.
30 Carl Rogers, Entwicklung der Persönlichkeit, Klett Verlag, Stuttgart 1976.
37 Jörg Zink, Wie übt man Frieden? Kreuz Verlag, Stuttgart 1982, S. 16.
Hans Stilett: Publik-Forum 1982.
52 Ruth Pfau, Wenn du deine große Liebe triffst, Herder Verlag, Freiburg 1984.
53 Helmut Thielecke, Ich glaube, Quell Verlag o. J.
54 Marie Luise Kaschnitz, Kein Zauberspruch, © Insel Verlag, Frankfurt a. M., 1972.
55 © Hanna Hanisch, 3380 Goslar.
61 Lothar Zenetti, Texte der Zuversicht, Pfeiffer Verlag, München [5]1981 (auch die Texte auf S. 69, 121, 125, 135).
65 Kurt Marti, Leichenreden, Luchterhand Verlag, Darmstadt 1969.
66 Günter Herburger, Birne kann alles, Luchterhand Verlag, Darmstadt 1971.
70 Bertolt Brecht, aus Gesammelte Werke, © Suhrkamp Verlag, Frankfurt a. M. 1967.
71 Dorothee Sölle, Phantasie und Gehorsam, Kreuz Verlag, Stuttgart 1968.
Marie Luise Kaschnitz, Steht noch dahin, © Insel Verlag, Frankfurt a. M. 1970.
78 Swetlana S.: Orientierung 7/1976.
79 Elisabeth-Biographie: nach Informationszentrum Berufe der Kirche, 7800 Freiburg.
86 Peter Spangenberg, Der Stein der tanzenden Fische, GTB Siebenstern 205, Gütersloher Verlagshaus Gerd Mohn, 1983.
112 unten: Henri Capieu, Vier Credos, Frankreich 1971.
121 Jürgen Rausch, Gedichte, Verlag Klett-Cotta, Stuttgart 1978, S. 76.
123 Alexander Solschenizyn, Im Interesse der Sache, Luchterhand Verlag, Darmstadt 1970.
Martin Walser, Halbzeit, Droemersche Verlagsbuchhandlung, München 1955.
124 John Howard: H. Schmidt, Wie betet der heutige Mensch? Einsiedeln/Freiburg 1972, S. 175.
125 Keine Lust, aus: Lebenszeichen, Bernward Verlag, Hildesheim 1981.
131 Toki Hiyesnewi: Jahr des Herrn, Leipzig 1975.
133 Kerze: Du und wir, Jugendgebete, Verlage Benziger und Herold, Einsiedeln/Wien 1980.
Michel Quoist, Herr, da bin ich, Styria Verlag, Graz 1959.
Quelle unbekannt: S. 13, 26 (Gibran), 51, 52 (King), 62, 130.

Bildquellen

Titelbild: ZEFA, Düsseldorf.
10 © Ernst Alt, 6600 Saarbrücken.
21 foto-present, Essen; Foto Menne (2×).
38 © Klaus Pielert, 4000 Düsseldorf.
42 u. 45 IVB-Report, 5628 Heiligenhaus.
74 ars liturgica, Maria Laach, Nr. 5610.
93 Situationen, Quell Verlag, Stuttgart 1972.
94 foto-present, Essen; Foto Melters.
95 oben: © Christa Petri, 8400 Regensburg; unten: foto-present, Essen; Foto Gelpke.
96 u. 97 Foto Lachmann, 4000 Düsseldorf.
98 foto-present, Essen; Foto Voss.
111 © Orthodoxe Aktion, 6000 Frankfurt 93.
126 IVB-Report, 5628 Heiligenhaus.
128 © Ernst Alt, 6000 Saarbrücken.